Vergegenwärtigung
Erinnerung | Inszenierung | Spekulation

WÜSTENROT STIFTUNG (HRSG.)

VERGEGENWÄRTIGUNG

ERINNERUNG | INSZENIERUNG | SPEKULATION

Wüstenrot Stiftung, Ludwigsburg

INHALTSVERZEICHNIS

VERGEGENWÄRTIGUNG ARCHITEKTUR AN DER SCHNITTSTELLE VON VERGANGENHEIT UND ZUKUNFT

Stefan Krämer & Philip Kurz

Es ist eine einnehmende Idee, das sowohl fordernde wie auch provozierende Thema der Architektur-Biennale 2014 in Venedig – *Absorbing Modernity 1914–2014* – in einem Beitrag aufzugreifen, der die Architektur und die ihr eigene Ausdrucksfähigkeit in den Vordergrund stellt. Frei nach dem Motto »Show, don't tell« konzentriert sich der deutsche Beitrag auf das Wesen von Architektur und die vor Ort geschaffene Gestaltqualität. Ist das nicht die Fähigkeit zu einer besonderen Stringenz, die sowohl die Stärke wie auch die Schwäche von Architektur ausmacht?

Bungalow Germania ist inspirierende Installation, konsequentes Experiment und schwer zu kalkulierendes Wagnis zugleich. Diese Ausstellung wird zahlreiche Anstöße geben für eine kontroverse Erörterung von Fragen, deren kritische und klärende Reflexion längst überfällig ist. Die Komplexität der Fragen wird die Berücksichtigung und Einbeziehung weiterer Ebenen – Geschichte, Politik, Gesellschaft – erfordern; dadurch wird

die auch im Zeitalter der Medien und der neuen Informationstechnologien begrenzte Reichweite und schwindende Erklärungskraft von Architektursprache deutlich. Das Thema der Biennale kann deshalb um die Frage ergänzt werden, in welchem Ausmaß zwischen 1914 und 2014 auch die Deutungshoheit von Architektur und ihre allgemeine Diskursfähigkeit absorbiert wurde.

Ist eine solche Interpretation zu spekulativ für diese Ausstellung? Für einen Beitrag, der sich in erster Linie an Gestaltung und Materialien orientiert? Für ein Konzept, in dem bewusst auf einen umfangreichen Beipackzettel mit Hinweisen zu vorhandenen Risiken, zu möglichen Nebenwirkungen und zu antizipierbaren Missverständnisse verzichtet wird?

Wohl kaum, denn einfach oder anspruchslos ist es nicht, eine Jury zu überzeugen und das Ticket nach Venedig zu lösen. Das Konzept einer bewussten, unmittelbaren Kontrastierung des Kanzlerbungalows in Bonn mit dem deutschem Pavillon in Venedig lässt jede Aussicht verblassen, für die damit verfolgten Ambitionen eine Unschuldsvermutung beanspruchen zu können. Alternative oder erläuternde Argumentationen sind zwar möglich, in ihrem Kern jedoch eher Teil der Strategie, mit der Ausstellung zu weiterführender Diskussion und Reflexion anzuregen.

Ein solches Argument liefert das Jahr 1964, in dem der Kanzlerbungalow von Sep Ruf an Ludwig Erhard übergeben wurde. Die Auswahl dieses Bungalows könnte als Ankerpunkt für die zeitliche Mitte des Betrachtungszeitraums der Biennale verstanden werden. Oder man betrachtet Bungalow und Pavillon als signifikante Prototypen einer nationalen Architektur und der Beitrag ist nur eine Verschneidung von zwei realen Beispielen. Oder die Gestaltung, die Materialien und ihr Aufeinandertreffen werden als rein symbolischer Spiegel der historischen Ausgangslage gewertet, obwohl die realen Gebäude für diese reduzierte Botschaft viel zu prominent sind.

Nein. So einfach machen es die Kommissare weder sich selbst noch den vielen Adressaten, Besuchern und Experten der Biennale. Selbstverständlich weiß ein großer Teil des Publikums um die politische Bedeutung der ausgewählten Architektur und um die damit verbundenen Interpretationen und Projektionen. Selbstverständlich ist vielen Besuchern bekannt, dass der gläsernen Transparenz des Kanzlerbungalows ein reziproker Charakter zur herrischen Geste des deutschen Pavillons zugeschrieben wird. Selbstverständlich kann man in der Ausstellung die als Ausdruck der Demokratie wahrgenommene Gestik demonstrativer Zurückhaltung in der Gestaltung der politischen Gebäude in Bonn ebenso erkennen wie den Anspruch und die Legitimation von nationalem Pathos am Pavillon von Venedig. Und ebenso selbstverständlich ist vor allem deutschen Besuchern die Dynamik des kulturellen und des politischen Wandels in den Nachkriegsjahrzehnten gegenwärtig, die sich in der architektonischen Verzahnung von privaten und machtbezogenen Funktionen im Kanzlerbungalow widerspiegelt.

Der deutsche Beitrag entspricht deshalb in bestem Sinne der von der Biennale gestellten Aufgabe, charakteristische Elemente einer national ausgeformten Architektursprache zu zeigen. Im Mittelpunkt stehen zwei Gebäude, die aufgrund ihrer medialen Präsenz und Wahrnehmung in besonderer Weise geeignet sind, eine beispielhafte Symbolik zu tragen. Dies gilt für den 1938 umgestalteten und neu akzentuierten Pavillon in Venedig ebenso wie für den Kanzlerbungalow in Bonn. Letzterer gehört einem Ensemble an, das wie kaum ein anderes davon geprägt ist, dem westdeutschen Verständnis jener Jahre vom Zusammenspiel zwischen Macht, Politik und Architektur einen über die Funktionalität der Gebäude hinausgehenden Ausdruck zu verleihen.

Man kann den Kommissaren Savvas Ciriacidis und Alex Lehnerer nun vorwerfen, diese Fragen in ihrer Ausstellung nicht selbst und nicht vollständig zu beantworten. Dies übersieht jedoch, dass es sich dabei um eine Aufgabe handelt, die über die impulsgebende Ausstellung hinausgeht. Die Initiative dazu ergriffen die Kommissare schon im Vorfeld der Biennale, indem sie gemeinsam mit der Wüstenrot Stiftung im März 2014 zu einem Symposium in den Kanzlerbungalow in Bonn eingeladen haben. Inspiriert von der Atmosphäre des realen Ortes – und damit auch hier jenseits einer lediglich symbolischen Bedeutung der Architektur – erörterten Experten unterschiedlicher Herkunft (Architektur, Geschichte, Kommunikation, Philosophie, Medien et cetera) in einer moderierten Gesprächsrunde zahlreiche Aspekte rund um die Bedeutung, Symbolik, Gestaltung, Wahrnehmung und Nutzung des Kanzlerbungalows – gestern, heute und morgen: Wie öffentlich und wie real ist dieses Gebäude, damals wie heute? Wie medial geformt ist sein Abbild als Ort der Erinnerung? Wie museal und wie spekulativ ist seine heutige Interpretation? Wie dominant sind seine Genese und seine temporäre, vergangene Nutzung für seine zukünftige Wahrnehmung?

Die Inhalte des Symposiums liefern als eine Verdichtung der vielfältigen Impulse, die aus dem Ausstellungsbeitrag entstehen können, eine wichtige Orientierungshilfe für das Lesen von *Bungalow Germania*. Darüber hinaus sind sie eine Manifestation der Offenheit, die für eine gemeinsame Weiterführung und Erweiterung der Diskussion um zusätzliche Ebenen benötigt wird. Wolfgang Bachmann hat es übernommen, den Auftakt in Bonn für die vorliegende Publikation festzuhalten. Sein kommentierender Bericht greift den Faden auf, den die Kommissare in Venedig an die Öffentlichkeit übergeben möchten. Die Dokumentation des ebenso lebhaften wie assoziativen Gesprächsverlaufs ist aber nicht nur der Auftakt, sondern auch ein Schlüssel für die Anregungen, die diese national geprägte Architektursprache im Konzept der Kommissare bereitstellt.

Vergegenwärtigung – das ist ein zentraler Begriff für viele Anregungen, die der *Bungalow Germania* liefert, und für viele Fragen, deren intensive und kritische Reflexion durch ihn befördert werden kann. Mehr noch, Vergegenwärtigung ist für sich betrachtet bereits ein komplexes Konzept mit vielschichtigen Verknüpfungen; dessen historische, semantische und wissenschaftliche Einordnung greift Ursula Baus in ihrem Beitrag auf, einschließlich seiner »Bedeutungsvielfalt, die sich strukturell um die Relationen zwischen Raum und Zeit rankt« (Seite 35). Wie erleben wir die Vergangenheit, wenn die Präsenz der Erinnerungsorte und ihr unverzichtbarer Wert als Teil unseres gemeinsamen kulturellen Gedächtnisses von einem Wechselspiel zwischen Mythologisierung, Rekonstruktion und Aktualisierung beeinflusst werden? Die gemeinsame, weiterführende Erörterung solcher Fragen ist angeregt, gewünscht und notwendig, denn wie sonst sollten wir den Einfluss dieses Bungalows auf die Weltläufte erfahren und erinnern? (Seite 46).

Viele Gebäude, die ähnlich wie der Kanzlerbungalow in einer von den Medien geprägten Wahrnehmung als Solitäre erscheinen, haben eine gebaute Umgebung und einen unmittelbaren Bezug dazu. So kann man fragen, ob die »Haltung zur Zurückhaltung« als eine Form der Qualität von Alltäglichkeit ein typisches Merkmal der Bonner Regierungsbauten ist, durch die einem neu geschaffenen politischen Machtzentrum ein temporärer Charakter verliehen werden sollte?

Zwei unterschiedliche Beiträge gehen in dieser Veröffentlichung der Frage nach und beide sind von maßgeblicher Bedeutung für den inhaltlichen wie für den symbolischen Kontext der Ausstellung in Venedig. Christian Holl ruft die Alltäglichkeit und die Alltagstauglichkeit als Kriterien auf, die in engem Zusammenhang mit der Wohnarchitektur und der Kennzeichnung privater Nutzung stehen. Im Kanzlerbungalow wurde diese Alltäglichkeit mit einer politischen Repräsentanz und Funktion verknüpft, um eine unmissverständliche politische Aussage zu generieren, die auf dem Unterlaufen der konventionellen Erwartungen an politische Architektur beruhte. Außer dem Kanzlerbungalow wurden in dieser Zeit weitere Gebäude für Regierung und Parlament errichtet, denen man ihre politische Funktion ebenfalls nicht auf den ersten Blick ansah (Seite 53). Die Normalität und Bescheidenheit, die Ablehnung einer baulichen Inszenierung als Hauptstadt und die gleichzeitige Pflege

rheinischer Provinzialität sowie die damit einhergehende Distanz zur Qualität des entstandenen heterogenen Ensembles erschwert bis heute eine Anerkennung der damit verbundenen Leistungen.

Armin Linke fasst diese Situation in einem Foto-Essay zusammen, das wichtige Gebäude des Bonner Regierungsbezirks aus heutiger Perspektive zeigt. Seine Vergegenwärtigung folgt nicht den kontextuellen Linien, sondern zeigt die Erinnerungsorte in ihrer heute erlebbaren Alltäglichkeit. Sie wurden in unterschiedlichem Ausmaß transformiert, und für eine Reihe von ihnen gilt, dass ihre national geprägte Architektursprache inzwischen absorbiert wurde. Sie unterscheiden sich darin vom Kanzlerbungalow, dessen präservierter Charakter ermöglicht, seine Vergegenwärtigung als Teil des kulturellen Gedächtnisses zu erhalten.

Wir freuen uns, dass die Wüstenrot Stiftung mit dem gemeinsam veranstalteten Symposium den Anstoß zur weiterführenden Erörterung und Reflexion unterstützen konnte, der von dem deutschen Beitrag *Bungalow Germania* ausgeht. Der Kanzlerbungalow in Bonn wurde im Rahmen des stiftungseigenen Denkmalprogramms in den Jahren von 2006 bis 2009 instandgesetzt und für seine neue Nutzung als erlebbarer und erfahrbarer Ort der jüngeren Geschichte vorbereitet. Seine weitere Zukunft ist uns nicht gleichgültig, und die signifikante Rolle, die dieses Gebäude in der Ausstellung *Bungalow Germania* einnehmen konnte, zeigt, wie viel wir aus seiner Architektur und aus seiner Geschichte lernen können. Mit der Ausstellung in Venedig stehen wir am Beginn eines Prozesses, für den wir gemeinsam verantwortlich sind und dem wir viele Impulse und Erkenntnisse entnehmen können.

NEUFORMULIERUNG

Alex Lehnerer & Savvas Ciriacidis

Gibt es einen architektonischen Zugang zur Geschichte eines Landes? Oder gar eine architektonische Geschichte, die sich unverkennbar mit der dieses Landes verbindet?

Das Phantombild für unsere Suche nach einem architektonischen Schlüsselmoment zeigt ein Gebäude, das nicht mehr jung, aber nicht älter als 100 Jahre alt ist. In seinem Programm ist es mit der Nation verbunden und repräsentiert diese bis zu einem gewissen Grad, das allerdings nicht nur als Spiegel und Ausdruck, sondern auch als mitkonstituierender Kontext des heutigen nationalen Selbstverständnisses gelesen werden kann. Und redselig sollte es sein. Wir nannten dieses Phantom das »politische Gebäude«. Landein, landauf fahndeten wir von Karlsruhe bis Berlin, bis uns die Suche schließlich nach Bonn führte. Dort, hinter einem Zaun, Büschen und Blumenbeeten, wurden wir fündig: das ehemalige offizielle Wohnhaus der deutschen Kanzler.

Das Bild des sogenannten Kanzlerbungalows kannten wir bereits aus dem Fernsehen. Das repräsentative Privathaus wurde von 1964 bis 1999 bewohnt und genutzt. Noch immer streng bewacht, nutzte uns dieser nach allen Regeln der architektonischen Taxidermie konservierte Körper allerdings wenig. Die Frage war: Was würde passieren, wenn wir das Haus des Bundeskanzlers in Bonn ab- und in Venedig in den deutschen Pavillon hineinbauen? Vor allem interessierte uns sein repräsentativer Teil. Hier müssen irgendwo auch die Kameras gestanden haben, die uns alle mit in diesem Wohnzimmer der Nation sitzen lassen konnten. Wir waren dabei, als die Queen zu Besuch kam, Michail Gorbatschow mit Helmut Kohl grillte und Willy Brandt seine Partys feierte. Nur beim Richtfest mussten wir draußen bleiben, weil Bauherr Ludwig Erhard sauer auf die Medien war. Aber dann sollten wir wieder schauen, nicht auf Erhard, sondern auf seinen Bungalow, weil das Haus doch viel mehr über ihn zu sagen hätte als er selbst.[1] Aber was?

---

1. Ludwig Erhard sagte 1964: »Sie lernen mich besser kennen, wenn Sie dieses Haus ansehen, als etwa wenn Sie mich eine politische Rede halten sehen.« Bettina Citron: Kanzlerbungalow. München, 2009, Seite 68.

In der noch jungen Bundesrepublik suchte Erhard nach einer Neuformulierung deutscher Identität auch mit architektonischen Mitteln. Er beanspruchte die Architektur politisch, schrieb ihr Bedeutung zu, die das ganze Land verstehen und über seine Grenzen hinaus das Versprechen für ein neues Deutschland sein sollte. In Italien, genauer gesagt: an unserem neuen Arbeitsplatz, dem Padiglione della Germania, war dies einige Jahre vorher auch versucht worden – mit seinem Umbau von 1938 durch Ernst Haiger. Diese Übereinstimmung im Anspruch war für uns Ausgangspunkt einer Inszenierung für Venedig, in der sich beide Gebäude imaginär verschneiden würden. Nach kurzer grafischer Überprüfung war klar: Es könnte funktionieren! Von den Maßen her passt das repräsentative Quadrat mit Kamin und Patio 1:1 in den Ausstellungspavillon hinein.

Bei einem Blick auf die Zeitleiste und das von Rem Koolhaas an die beteiligten Länder ausgegebene Thema *Absorbing Modernity: 1914–2014* stellten wir fest: Der Kanzlerbungalow wurde genau in der Mitte dieses Beobachtungszeitraums, im Jahr 1964, gebaut. Die Serie interessanter Konsequenzen dieser Idee setzte sich fort, als klar wurde, dass jenes Jahr auch für den Pavillon ein signifikantes Datum war. 1964 fand der letzte große Umbau des Gebäudes statt. Der damalige Kommissar des deutschen Beitrags für die Kunstbiennale, Eduard Trier, nahm die Zwischendecke und die Wand vor der Apsis heraus und erweiterte das Podium links und rechts des Portikus. Zudem wurde 1964 mit den zeitgenössischen Künstlern Joseph Fassbender und Norbert Kricke das Ende des künstlerischen Rückgriffs auf die Vorkriegsavantgarde eingeleitet.[2] Von diesem Moment an herrschte Gegenwart im deutschen Pavillon. Es war der Start, seine Präsenz als »steinernes Wort«[3] mit künstlerischen Mitteln offen infrage zu stellen.

Wir entwickelten eine skizzenhafte Collage von Bungalow und Pavillon, um zu erforschen, wie es denn aussähe, wenn man in den Pavillon hineinginge und plötzlich im Zentrum wieder »draußen« im Patio des Bungalows stehen würde. Mit dieser Skizze stellten wir uns der Jury

2. »Nach der Ära der Retrospektiven, der Rückschau auf die ›Klassische Moderne‹, wurde ab 1964 eine neue Tendenz in den deutschen Beiträgen erkennbar. Verstärkt wurden nunmehr aktuelle Kunstwerke präsentiert, die sich vielfach auch auf den Ausstellungsraum bezogen. [...] Der historische Pavillon in den idyllischen ›Giardini‹ schuf bei der Ausstellung aktueller Kunst ein

Wechselspiel von Vergangenheit und Gegenwart, das nunmehr in vielen deutschen Beiträgen auch Teil der Ausstellungskonzeption selbst wurde.« Annette Lagler: Museum – Historischer Ort – Medium der Inspiration. In: Christoph Becker und Annette Lagler (Hrsg.): Biennale Venedig – der deutsche Beitrag 1895–1995. Ostfildern, 1995, Seite 51.

und wurden ausgewählt. Allerdings nicht, ohne sogleich einen Satz an Fragen und Warnungen mit auf den Weg zu bekommen. Die Befürchtung wurde geäußert, dass wir Gefahr liefen, aus dem Pavillon mit dem Bungalow eine »gemütliche Bude« zu machen. Andere fragten sich, was diese zwei aufeinandertreffenden Gebäude sich denn zu sagen hätten. Und es kam ständig zur begrifflichen Verwechselung von Bungalow und Pavillon. Wer schneidet jetzt noch mal wen?

Aber es hat geklappt, und wir durften, wie es der Kurator Klaus Bußmann einst formulierte, für Deutschland »reiten«.[4] Um bei der Metapher zu bleiben – es gab zwei Pferde: Zum einen ist da der Bau, das heißt der Transfer des Bungalows nach Venedig und seine imaginäre Verschneidung mit dem Pavillon. Zum anderen stellt sich sogleich die Frage, was daran bedeutsam sei, welche Assoziationen und Fragen geschichtlicher wie auch zeitgenössischer Natur die Verschneidung aufwirft.

Das erste Pferd konnten wir mithilfe einer Reihe von Unternehmen reiten, die verrückt und enthusiastisch genug war, dieses Projekt zu unterstützen. Nicht nur der Bau von Erhards Bungalow in Bonn war aufwendig, seine Übersetzung ins Italienische war es ebenso. Auf die Frage, wie beides denn zustande gekommen sei, können wir schließlich dank der Mitarbeiter der beteiligten Firmen einfach sagen: »Es ist passiert!«

Auch für die Bearbeitung der Frage nach der Ausformulierung der Bedeutung dieser Ausstellung brauchten wir einen guten Partner. Ende November 2013 trafen wir uns mit unserem Kollegen Philip Ursprung am ursprünglichen Fundort im Bonner Park zu einer Besichtigung. Es regnete, der Rhein und der Himmel waren untrennbar verbunden, und wir kamen uns im Bungalow außerhalb der Zeit vor. Im Gespräch kamen wir zu dem Schluss, dass wir weitere Kollegen an diesem eigentlich nicht mehr existenten Ort einschließen sollten, um intensiv über das Haus und seinen Transfer nach Venedig debattieren zu können.

In der Wüstenrot Stiftung fanden wir schließlich den gesuchten guten Partner für dieses Unterfangen. Und so

3. Zitat von Adolf Hitler zur Eröffnung des Münchner Haus der [Deutschen] Kunst 1938: »Wenn Völker große Zeiten innerlich erleben, so gestalten sie diese Zeiten auch äußerlich. Ihr Wort ist dann überzeugender als das gesprochene. Es ist das Wort aus Stein.« Gerdy Troost: Das Bauen im Neuen Reich. Bayreuth, 1938, Seite 6.

4. Vorwort von Klaus Bußmann. In: derselbe, Florian Matzner und Hans Haacke (Hrsg.): Hans Haacke, Bodenlos. Biennale Venedig 1993, Deutscher Pavillon. Stuttgart, 1993, Seite 4.

verabredeten wir ein Arbeitsgespräch an Kohls monströsem Esstisch für den 10. März 2014.

An diesem Tag – wir gingen fest davon aus, dass es wieder regnen würde – schien die Sonne. Nach einer kurzer Einführung in die Besonderheiten des Hauses wurde an besagtem Tisch zwischen Kamin und Rhein über die Realität des Bungalows und die mögliche Deutung und Bedeutung des Biennale-Projekts gesprochen. Schnell war klar, dass das Projekt der deutschen Nachkriegszeit mit seinen Verflechtungen von Politik und Gesellschaft, verbildlicht durch den Kanzlerbungalow im Pavillon, noch längst nicht ausdiskutiert war. Einig waren sich alle: Wenn wir dieses Gebäude von 1964 in den 1938 umgebauten Pavillon hineinbauen, verlassen wir die rein konzeptionell und räumlich denkende Ebene. Die Sache werde sofort politisch. Wir verlieren also zwangsläufig unsere »Architektenunschuld«, wenn wir denn je eine hatten. Das Gespräch beinhaltete auch den gut gemeinten Rat: »Also, wenn ich Sie wäre, würde ich von diesem Projekt zurücktreten!« Wir schauten uns an und dachten: Der Rückzug ist versperrt – durch die bereits im Pavillon hängenden, 12,5 Meter langen Stahlträger des Bungalowdachs.

Es gab keine andere Wahl, als dieses riskante Manöver zwischen präziser physischer Installation und scheinbar unbegrenzter Interpretationsmöglichkeit beziehungsweise Bedeutungszuschreibung weiter voranzutreiben. Spätestens jetzt wurden wir von unserem eigenen Thema eingeholt. Grundsätzlich interessiert uns die unabschließbare Diskussion zwischen Ding und Zeichen sowie der Anspruch und die Forderung an Architektur, nicht nur Zeugnis einer Gesellschaft zu sein, sondern ihr etwas zu versprechen – Architektur als politisches Medium Sobald wir nun diese zwei gebauten Politiker physisch zusammenbringen, verlassen wir neutralen Boden und müssen uns fragen lassen, welche Bedeutung diese Intervention hat, das heißt, was diese im Venedig von 2014 (re-)präsentiert.

Wir sind mit diesem Projekt durch Personalunion verbunden, es gibt keine klare Trennung von Kurator, Kommissar und ausstellendem Architekt oder Künstler – was die Sache etwas komplizierter macht, aber auch eine besondere Qualität besitzt. Die Installation in Venedig setzt einen bewusst gewählten Rahmen und schafft neben dem physischen Raum einen Assoziationsraum, der den im vorliegenden Buch beschriebenen Diskurs mit allen seinen Teilnehmern und Beobachtern offen »kuratiert« und diesen als relevanten Teil des übergeordneten Themas im nationalen Kontext zu verorten versucht.

Am Tag nach dem Arbeitsgespräch in Bonn sind wir nach Italien gereist, um unser Bild vom Bungalow in seiner Verschneidung mit dem Pavillon weiter zu präzisieren. Währenddessen arbeitete der Fotograf Armin Linke mit seinem Team bereits an einem Foto-Essay über die »verschwundenen Orte« der Bonner Republik und dem vielschichtigen Bedeutungswandel verschiedener prominenter Gebäude nach dem Umzug der Hauptstadt von Bonn nach Berlin im Jahr 1999. War die Gesprächsrunde im Kanzlerbungalow, auch wegen der starken Präsenz des Austragungsortes, eher auf die innerdeutsche Befindlichkeit bezogen, kamen in weiteren Gesprächen mit dem aus Italien stammenden, in Deutschland lebenden und international tätigen Fotokünstler ferner Fragen nach dem gesamteuropäischen Kontext auf. Schließlich bauen wir, um es mit den Worten von Armin zu halten, diese »deutsche politische Kirche« in Italien auf. Einem Land, das mit andauernder Krise und hoher Jugendarbeitslosigkeit ganz genau hinsieht, was Deutschland gerade so tut. Die Biennale di Venezia wird zudem dieses Jahr fünf Tage nach den Europawahlen eröffnet, deren Resultate die Diskussion zu den nationalen Beiträgen unter dem von Koolhaas vorgegebenen Schirm von 100 Jahren Moderne von 1914 bis 2014 voraussichtlich mit beeinflussen wird.

Die so pointiert auf die aktuelle Rolle Deutschlands in Europa abzielende Frage nach der Verortung des deutschen Beitrags in Europa steht für eine dem Projekt innewohnende kontinuierliche Diskussion der Neuformulierung des Landes. Hat Erhard diese Frage 1964 unter anderem mit dem Kanzlerbungalow zu beantworten versucht, so stellte sich die Frage nach dem nationalen Selbstverständnis ab 1989 erneut. Und heute, 2014, ist wieder ein solcher Moment. Wie kann sich dieses Land nicht nur nach innen, sondern auch nach außen, innerhalb eines sich verändernden europäischen Kontextes, positionieren und repräsentieren?

In diesem Innen- und Außenraum glauben wir, unsere Rolle als Architekten (und nicht als Politiker oder Diplomaten) nicht zu überschätzen, wenn wir unsere Aufgabe darin sehen, mit einer architektonischen Scharfstellung des Transfers von Bonn nach Venedig eine doppelte Lesbarkeit zu ermöglichen: Zum einen wollen wir den Pavillon reziprok durch den Bungalow lesen, und zum anderen wollen wir die neu zu findende Rolle und das Selbstverständnis der Bundesrepublik im heutigen Europa ebenso wechselseitig durch ihre Erfahrungen einer Neuformulierung der Nation um das Jahr 1964 diskutieren. Die architektonischen Mittel der Ausstellung werden die damit verbundenen Antworten nicht direkt liefern, aber als Diskursauslöser einige Fragen stellen können.

Ob wir damit die Architektur ebenso überbeanspruchen wie damals Erhard mit seiner Aussage, man möge doch lieber den Bungalow ansehen als ihn bei einer politischen Rede, um ihn zu verstehen, bleibt eine generelle Frage nach der Relevanz von Architektur. Die Frage nach gesellschaftlicher Relevanz ist aber wiederum eine, die sich wie ein roter Faden durch die Architektur der Moderne zieht, wenn sie nicht sogar von ihr erfunden wurde – nach dem Motto: Die Architektur ist das Wichtigste auf der Welt, auch wenn wir feststellen sollten, dass dies nicht der Fall ist.

VERGEGENWÄRTIGUNG. PADIGLIONE UND BUNGALOW. DIE IDEE EINER INSTALLATION

Wolfgang Bachmann

ALLES KLAR, HERR KOMMISSAR

Das Thema, das Rem Koolhaas als künstlerischer Leiter der 14. Architekturbiennale 2014 in Venedig für die Länderpavillons ausgegeben hat, ist so eindeutig wie interpretationswürdig. *Absorbing Modernity 1914–2014* soll das obsolete Nebeneinander konkurrierender nationaler Selbstbehauptungen mit der Praxis einer globalisierten Architekturwelt zusammenführen. Jedes Land ist aufgefordert, den »Prozess der Auslöschung der nationalen Charakteristika zugunsten der fast weltweiten Adaption einer einzigen modernen Architektursprache und eines einzigen Repertoires von Typologien«[1] zu erzählen. Der Biennale-Präsident Paolo Baratta sprach von einer »Forschungsausstellung«.

Das Ergebnis liegt also im Ungewissen, man weiß ja nie, was Forschung ans Licht bringt. Schon die Übersetzung des Titels lässt genügend Spielraum. *Absorbing* bedeutet aufnehmen, auffassen, man darf es als einverleiben, integrieren, übernehmen lesen, gar als dämpfen, verkraften und neutralisieren. Ist die Moderne also bis zur Unkenntlichkeit aufgegangen in einem internationalen Allerlei bauwirtschaftlich bestimmter Architektur, oder bleibt sie als einigender, ästhetisch und sozial verbindlicher Hintergrund der Nationen bestehen?

Mit einem Ausstellungsbeitrag kann man demnach viel falsch machen. Er muss eindeutig sein, aber gleichzeitig so sympathisch, dass er nicht als doktrinäres Statement mit Alleinvertretungsanspruch auftritt, sondern den Besuchern zeigt: Das sind wir, daher kommen wir, und dorthin würden wir gerne gehen. Der Konjunktiv ist bewusst gewählt. Er zeigt, es bedarf beobachtender, solidarischer

1. BauNetz-Meldung vom 28.01.2013 (www.baunetz.de).

Mitwirkung in der Umgebung anderer Nationen. 100 Jahre Moderne also. Koolhaas lässt seinen Zeitstrahl tragisch mit dem Ersten Weltkrieg beginnen. Um die Spanne bis zur Gegenwart darzustellen, könnte man enzyklopädisch für jedes Jahr ein Architekturbeispiel aussuchen. Es wäre eine Fleißarbeit, die eher auf Leistung als auf Lesbarkeit setzte. Alex Lehnerer und Savvas Ciriacidis, die den deutschen Pavillon bespielen, haben stattdessen die zeitliche Mitte, das Jahr 1964, als Ausgangspunkt genommen, um von hier aus eine Balance zwischen den beiden Enden herzustellen. Es ist nichts im Lot, sondern vieles in der Schwebe. Als sollte dieses horizontale Moment, die Strecke von 1914 bis 2014, auch plastisch ablesbar werden, haben sie stellvertretend ein einziges Artefakt gewählt, das wie eine kantige, flache Skulptur in den historischen Biennale-Pavillon[2] einschneidet: den Bonner Kanzlerbungalow.

Alex Lehnerer   Savvas Ciriacidis

Was zunächst nur wie eine drastische Intervention wirkt, ein Effekt, den man in den letzten Jahren als provozierenden dekonstruktivistischen Eingriff in herrschaftliche Altbauten kennengelernt hat und der auch hier die Neugier auf die bautechnische Ausführung lenken mag, birgt jedoch mehr. Es ist die Verschneidung zweier Architekturen, zweier Epochen, zweier politischer Systeme, mit denen Deutschland in die Welt getreten ist. Es handelt sich eben nicht um Ludwig Mies van der Rohes Ausstellungspavillon oder Erich Honeckers in Wandlitz unauffällig für einen Klinikbetrieb arrondiertes Wohnhaus. Die beiden Kommissare haben sich entschieden, das Bonner »Wohn- und Empfangsgebäude« des Bundeskanzlers fragmentarisch im deutschen Pavillon nachzubauen. Aber nicht als extravagante *folie* zur Verblüffung der Besucher, auch wenn das präzise angeschnittene Sofa, das sich an die

Zwischenwand des alten Gebäudes lehnt, eine gewisse Heiterkeit und Mutmaßungen über die Stellmöglichkeiten falsch angeschaffter Polstermöbel auslösen kann. Lehnerer und Ciriacidis treffen mit ihrem Beitrag mitten ins Herz.

Aus diesem Grund hatte die Wüstenrot Stiftung, die zwischen 2006 und 2009 die wissenschaftlich begleitete Instandsetzung des Kanzlerbungalows übernommen hatte, gemeinsam mit den Kommissaren zu einem Symposium eingeladen. Mitte März trafen sich zwei Dutzend Fachleute aus unterschiedlichen Disziplinen, um mit den Kommissaren ihre Intervention zu erörtern. Ort der Handlung: der Kanzlerbungalow in Bonn.

EINE SÉANCE

Es handelte sich keineswegs um eine spiritistische Sitzung, es blieb nicht ein Mal etwas im Dunkeln. Wenn das Treffen in Bonn bei den Kommissaren zur Bewusstseinserweiterung beigetragen hat, war es ein Erfolg. Philip Ursprung, der die Zusammenkunft leitete, hatte dafür den altmodischen Begriff der Séance ausgegeben; das beschrieb passend den nach allen Seiten offenen Dialog zwischen Architektur, Kunst, Politik und Geisteswissenschaften. So wie Günter Grass mit *Das Treffen in Telgte* einen fiktiven Diskurs mit barockem Poetenpersonal anberaumt hatte, um mit den Sprachmächtigen einen friedensstiftenden Beitrag während des Dreißigjährigen Kriegs zu leisten, suchten die in Bonn Versammelten eine Deutung des deutschen Architekturbeitrags zur Biennale.

»Es gibt ja in der Architekturausbildung die Tradition der sogenannten Zwischenkritik, das heißt, wenn ein Projekt angefangen hat, wird es, bevor es fertig realisiert

Philip Ursprung   Elisabeth Bronfen

2. Erbaut 1909 als Padiglione Bavarese von Daniele Donghi aus Venedig, und 1938 durch Ernst Haiger umgebaut.

ist, einer Gruppe von Kritikern präsentiert, die es dann kommentieren und kritisieren, was den Autoren erlaubt, sozusagen noch mal einen letzten Schliff anzubringen … Jetzt ist der Moment da, ein Feedback, auch eine Kritik zum Projekt zu geben«, eröffnete Ursprung die Tagung.[3] Freilich ging es um keine Hilfestellung für die Ausführungsplanung, sondern um die mögliche Rezeption des Beitrags durch das Publikum. Architekten haben nämlich »eine Disziplin geerbt, in der sich das Konstruktive mit dem Reflexiven mischt, der Fortschritt durch Worte mit dem durch Werke«[4], wie es zum Beispiel UNStudio zur Erklärung seiner kaleidoskopischen Raumschöpfungen – »sowohl verräumlichtes Denken als auch Kunst«[5] – zu Protokoll gab. Dass es sich auch bei dem in Venedig gezeigten Bonner Bungalow um einen unwirklichen, konnotativen Beitrag handelt, sollte Ursprungs Frage zum Auftakt klären: »Ist dieses Gebäude hier (der Kanzlerbungalow) real?«

Natürlich ist es das. Einerseits. Aber Elisabeth Bronfen platzierte daneben einen zweiten Begriff, der mit früheren Arbeiten von ihr verbunden ist: das Unheimliche. Der Kanzlerbungalow ist ein Ort, der etwas enthält und etwas

verdeckt, wie es das englische Wort *containment* doppelsinnig beschreibt, denn »… die Zeit wird hier eingehalten, sie wird aber eben auch auf eine gewisse Art und Weise eingegrenzt, und zwar aufgrund der architektonischen Form«. Es sei unstrittig, dass die Vergangenheit »irgendwie immer in die Gegenwart zurückkehrt, dass sie weiterhin Fragen an uns stellt, und zwar auf eine Art und Weise, dass wir gar nicht anders können, als auf sie zu reagieren«. Dieser Kanzlerbungalow sei »genau so ein Ort, wo man sehen kann, dass die Vergangenheit auf eine sehr komplizierte Weise erhalten ist und auch zurückkommt«. Vergegenwärtigung bedeute »sowohl zeitlich als auch räumlich … eine Möglichkeit zu sehen, wie sehr die Vergangenheit weiterhin ein Teil der Gegenwart ist, aber eben nur aus der Position der Gegenwart betrachtet werden kann, sodass man immer unweigerlich einen schrägen Blick auf genau das wirft, auf das man auch blicken muss«.

Was im deutschen Pavillon auf dieser Biennale passiert, soll also nicht nur zeigen, dass es »die Vergangenheit neu zu lesen gilt, sondern mit ihr auch die Gegenwart anders in den Blick rückt, sodass die Gegenwart nicht

---

3. Alle im Folgenden genannten wörtlichen Zitate ohne eine Anmerkung entsprechen den mündlichen Formulierungen auf dieser Tagung.

4. Ben van Berkel und Caroline Bos: Nachbild. In: Architektur und Theorie. Hamburg, 2009, Seite 141.

5. Ebenda, Seite 165.

Julia Rebentisch

Michael Marten

als ein geschichtsloses Etwas, als eine ewige Gegenwart erscheint, sondern vom Richtungsvektor einer historischen Entwicklung« durchzogen wird, ergänzte Julia Rebentisch und warnte damit vor einer »Posthistoire«, vor einer Absorption der Geschichte, die in einem *état final*, einem stabilen Zustand, endet. Man sollte sich auf keine »Archäologie des Jetzt«[6] einlassen, wie Ulrich Raulff einmal die Postmoderne apostrophiert hatte, und die Gegenwart nicht als letzte unmögliche Utopie betrachten. Der Kanzlerbungalow am falschen Ort müsse »die verblassenden Bilder einer verschwundenen Zeit präsent« machen, formulierte Rebentisch den Auftrag. Dies könne gelingen, weil »Architektur mehr als Bauen« bedeute, so Michael Marten. Aber Vorsicht! Man wolle bei diesem »Project Germany« keinesfalls »ein Zittern im Raum« spüren, was Stephan Trüby noch von der Jurierung der eingereichten Beiträge in Erinnerung ist; kein »Täterstolz« solle sich daraus interpretieren lassen, wenn Deutschland seinen 1938 mit NS-Monumentalität aufgerüsteten Biennale-Pavillon mit der Moderne eines Sep Ruf neutralisiert. Immerhin war man sich gewiss: »Nur durch Erinnerung kann Geschichte bewahrt werden – auch eine belastete. Und der Erinnerung hilft ein Ort, ein Gebautes.«[7] Deshalb galt es zunächst, die prosaische Wirklichkeit zu überprüfen. Was wissen wir vom Kanzlerbungalow? Was ist verbürgt?

BAUHERR, BONN UND BUNGALOW

Im Jahr 1964 wuchs Deutschland um den nie wieder erreichten geburtenstärksten Jahrgang nach dem Zweiten Weltkrieg. Die Kubakrise lag in deutlicher Erinnerung, auch die Ermordung Präsident John F. Kennedys, doch Vietnam übernahm schon die Schlagzeilen. Man befand sich in einer Epoche, die Dieter Kronzucker später als »Das amerikanische Jahrhundert«[8] bezeichnen würde. Die alte Welt hatte ihren Trümmerhaufen mithilfe der USA beiseitegeräumt und war dabei, am ungebremsten Konsum des Westens teilzuhaben. In diesem Zeitgeist ließ sich Bundeskanzler Ludwig Erhard, der das Bild des Zigarren rauchenden Vaters des deutschen Wirtschaftswunders verkörperte und »schon seiner behäbigen Erscheinung wegen bürgerlich-konservative Neigungen«[9] zugeschrieben bekam, von Ruf[10] seinen politisch repräsentativen Wohnsitz bauen. Es muss dahingestellt bleiben, was Erhard, dem Ruf neben seinem eigenen Haus am Tegernsee bereits einen Ferienbungalow gebaut hatte, wirklich trieb. Berthold Burkhardt, mit zahlreichen Pressedokumenten gewappnet, verwies auf einen *Spiegel*-Artikel, in dem »Erhard so stilunsicher wie alle Deutschen« beschrieben wird; allerdings besaß er, »und das ist einfach ganz wichtig, ein Gespür für das, was notwendig und richtig und gut ist, und das war nun eben diese Zusammenarbeit und dieser Kontakt zu Ruf«. Später, als unter seinem Nachfolger Kurt Georg Kiesinger die Animositäten gegen diese »ungemütliche« Architektur aufschäumten, verteidigte Walter Rossow als stellvertretender Werkbund-Vorsitzender Erhard, der »unabhängig von allen politischen Meinungen und Auffassungen unter

Stephan Trüby

Berthold Burkhardt

6. Ulrich Raulff: Archäologie des Jetzt. In: Bauwelt 1–2/1983, Seite 10.
7. Volkwin Marg (Hrsg.) und Gert Kähler: Auf alten Fundamenten. München und Hamburg, 2013, Seite 103.
8. Dieter Kronzucker: Das amerikanische Jahrhundert. Düsseldorf, Wien und New York, 1989.

9. Wolfgang Pehnt: Gebaute Diplomatie – Der Kanzlerbungalow in seiner Zeit. In: Kanzlerbungalow. München, 2009, Seite 24.
10. Irene Meissner: Sep Ruf 1908–1982. Leben und Werk. Berlin, 2013.

den regierenden Politikern Deutschlands in seinem Verhältnis zu den kulturellen Belangen unserer Zeit eine Ausnahme«[11] bilde. Rossow war sogar die Bezeichnung Bungalow, ein aus der Hindi-Sprache stammender Begriff, suspekt. Er betrachtete ihn »als Schlagwort und Wunschtraum deutscher neureicher Kleinbürger«[12], mit dem die Situation absichtlich und despektierlich verdreht werde.

Das Gebäude wurde offenbar schon in seinen Entstehungsjahren unterschiedlich gelesen. Einmal als »Ort der Bescheidenheit«, aber unübersehbar war auch »ein hegemonialer Anspruch, die Moderne hier zu platzieren, und zwar die internationale Moderne«, wie Silke Wenk differenzierte. Erhards Haus heißt für sie: »Wir repräsentieren uns neu jenseits und über die Geschichte, die wir gerade – vermeintlich – hinter uns gelassen haben, wir präsentieren uns neu, modern, dem Westen zugewandt.« Doch mit dieser affirmativen Bescheidenheit verschwinde die »politische Dimension des Rückbezugs auf die internationale Moderne, die hier explizit stattgefunden hat«. Für Uwe-Karsten Heye war Erhard einfach ein Repräsentant des Vergessens, jetzt »war alles erlaubt, wieder neu anzufangen und nach vorne zu gucken«. Vielleicht ist das eine Generationenfrage. Trüby erkannte, ohne »die alte Zeit 1964« zu verklären, doch »eine implizite Bußfertigkeit« in dieser Architektur, schränkte jedoch ein: »Das steht uns aber vermutlich nicht zu, das heute abschließend beurteilen zu können.«

Silke Wenk

Uwe-Karsten Heye

Das heißt nicht, dass einem mit dem »Bungalow am Berg mit Blick auf den Rhein … eine Art von feudaler Geste« entgehen muss, wie es Lehnerer beschrieb. Denn was gab es sonst in Bonn zu bestaunen? »Ein unheimlich konservatives städtebauliches Gesammel von Satteldach-

häusern und Einfamilienhäusern«, da müsse der Bungalow wirken, als sei »ein Raumschiff gelandet«, woran Olaf Asendorf erinnerte. Und selbst diese reale Beobachtung hatte im Laufe der Zeit eine wechselnde Resonanz erfahren. Eberhard Schulz kommentierte in der *Frankfurter Allgemeinen Zeitung:* »Wer durch Bonns Beamtensiedlungen fährt …, wird froh sein, dass es keine Bungalows der späten sechziger Jahre sind.«[13] Für Schulz war der Modernismus »nun billig geworden«.

Olaf Asendorf

Marta Doehler-Behzadi

Die Nachfolger Erhards zögerten nicht, ihren Dienstwohnsitz umzubauen oder durch Abwesenheit zu ignorieren. Der von der Wüstenrot Stiftung als Kulturdenkmal gerettete Bungalow dokumentiert diese privaten Gebrauchsspuren, die zeigen, wie seine Bewohner sich dem auf sie künstlich wirkenden Environment entzogen haben. Zu diesem »Antitotalitarismus des Alltags« passt Peter Sloterdijks Marschbefehl: »In euren Wohnungen seid ihr unfehlbare Päpste eures schlechten Geschmacks.«[14] Erhards Nachfolger, in erster Linie Kiesinger und später Helmut Kohl, holten sich das Heimelige zurück. Die »oft ziemlich autoritäre Moderne [wurde] privat gebrochen«, konstatierte Marta Doehler-Behzadi, ließ es aber offen, ob und wie man diese Details zur Biennale transportieren sollte.

1964. Das Jahr hatte sich janusköpfig gezeigt. Nikita Chruschtschow war entmachtet, Barry Goldwater drohte mit Atombomben, in Hannover wurde die NPD gegründet. Im Kino liefen *Old Shatterhand* und *Goldfinger*, die Beatles eroberten die internationalen Hitparaden. Bei uns wurden sie von Siw Malmkvist mit deutschem Schlager überholt: »Liebeskummer lohnt sich nicht.« APO und Oswald Kolle waren noch weit entfernt.

11. Brief von Rossow an Ruf vom 07.02.1967, Archiv des Architekturmuseums der TUM, ruf-62-1009. Veröffentlicht in: Werk und Zeit, Lieber Sep Ruf!, 1967, Heft 2, Seite 1f.

12. Ebenda.

13. Eberhard Schulz: Der Bungalow des Kanzlers. In: Frankfurter Allgemeine Zeitung vom 22.04.1967.

14. Peter Sloterdijk: Für eine politische Ethik des Raums. In: Architektur und Politik – Europa gestalten! Internat. Architekturkongress der AK NRW 2003 auf Jersey. Hrsg. vom Europäischen Haus der Stadtkultur e. V. Gelsenkirchen, 2004, Seite 28.

EIN UNHEIMLICHER ORT

Erhard demonstrierte mit seinem pastoralen, heiteren Wohnsitz eine Art »gebaute Diplomatie«, um Wolfgang Pehnts Worte aufzunehmen. Was die gläserne Architektur unter dem flachen Dach zum politischen Gelingen beigetragen hat, lässt sich nicht beweisen, aber vorstellen. Die »Verschlankung und Bewegung der Formen, eine Entmaterialisierung der Konstruktionen und ein bewusstes Brechen der Achsen«[15] wendete sich jetzt »demokratisch« gegen die »durch den Nationalsozialismus pervertierten Ausdrucksformen der Macht«[16]. Und dass gerade die darüberlagernde Kleinbürgerlichkeit der Aura keinen Abbruch tat, sondern sympathisch das Private einer Einladung ausstrahlte, zeigen viele Episoden, die nicht für die Geschichtsbücher aufbereitet wurden: wie Leonid Breschnew im Badezimmer medizinisch versorgt und die hinterlassenen Arzneimittel diskret beseitigt wurden, wie Kohl in der Strickjacke mit Michail Gorbatschow auf der Gartenmauer die deutsche Einheit verhandelte oder mit Boris Jelzin im Bademantel den Weg durch die Küche

zur Sauna nahm. Der Bungalow diente der menschlichen Begegnung, der informellen Seite des Politischen. »Der im staatsmännisch-erhabenen Sinne wenig repräsentative Bau konnte vielleicht gerade wegen seiner sachlich-privaten Anmutung und Atmosphäre dieser ergänzenden politischen Funktion gerecht werden, so wie es sich der Bauherr in seinem Auftrag gewünscht hatte.«[17]

Dies ist das Unheimliche, das dem Ort unsichtbar eingeschrieben ist. Nicht als etwas Schreckliches, das Angst erzeugt, sondern – wie es Bronfen im Sinne Sigmund Freuds gelten lassen will – das unvertraut und zugleich vertraut ist, sei es als eine Wiederkehr des Verdrängten oder eines überwundenen Realitätsverständnisses. Auch der Kanzlerbungalow ist mit Bedeutungen getränkt, die sich nicht sichtbar mitteilen. Heye, der »eine postfaschistische Gesellschaft« ins Gedächtnis rief, ließ »Bußfertigkeit« erst ab 1968 gelten und erinnerte daran, »dass alles, was hier stattgefunden hat, ja klarmacht, dass dieser Ort nicht aus der sozusagen politischen Landschaft herausgelöst werden kann, in die er hineingestellt war. ... Die Bescheidenheit hat ... damit zu tun, dass Bonn über viele,

15. Winfried Nerdinger: »Ein deutlicher Strich durch die Achse des Herrschers«. In: Romana Schneider und Wilfried Wang (Hrsg.): Macht und Monument. Moderne Architektur in Deutschland 1900 bis 2000. Ausstellung im Deutschen Architekturmuseum 1998. Ostfildern-Ruit, 1998, Seite 97.

16. Ebenda.

17. Georg Adlbert: Der Kanzlerbungalow. Erhaltung, Instandsetzung, Neunutzung. Stuttgart und Zürich, 2009, Seite 28.

viele Jahre als Provisorium empfunden wurde und man alles vermeiden wollte, was den Eindruck erweckte, als ob dieses Provisorische sozusagen weggedacht werden könnte. Von daher ist es ein sehr politischer Ort – unheimlich genug, wie ich finde. Immer wenn Politik ins Spiel kommt, wird es in der Regel ziemlich unheimlich, und so auch hier.«

Nach dem Krieg hatte man sich schuldbewusst und mit Zähigkeit an den Wiederaufbau gemacht, doch »die Sieger konnten mit dieser gebückten Haltung auf Dauer wenig anfangen, weil aus ihr keine Energie zu ziehen und aus keiner Energie kein Gewinn zu schlagen war«[18]. So wurde der Adenauerstaat auf den Weg gebracht. Vieles kam von den Amerikanern, »die mit ihrer materiellen Hilfe und ihren demokratischen Richtlinien und ihren kulturellen Exporten … entscheidend Einfluss auf diese Entwicklung genommen hatten«[19]. Aber bald tat sich eine Kluft auf zwischen Alt und Jung, und »was den Alten einst heilig gewesen war und wofür sie bereit waren, sich ins eigene Verderben zu stürzen, fand nicht die geringste Anerkennung bei den Jungen«[20]. Literarisch ist es einfacher, das Unsichtbare der Geschichte mit Geschichten zu übertragen, wie es in Josef Bierbichlers Roman *Mittelreich* gelungen ist.

Karin Wilhelm

Hans Walter Hütter

Zurück zum Gebauten. Karin Wilhelm betrachtete den Bungalow und forderte: »Wenn ich nur versuche zu beschreiben, was ich im Moment wahrnehme, dann hat dieses Haus, das mir in seiner Alltäglichkeit aus den 1950er-, 1960er-Jahren durchaus vertraut ist, nichts von dem, was ich als unheimlich beschreiben könnte. Man muss also etwas mehr wissen und mehr hinzutun, um dann etwas wie das Unheimliche darin zu sehen.« Denn mit dem deutschen Biennale-Beitrag geht es nicht nur

um die Selbstdarstellung von Erhard, mitgeteilt über die Translozierung einer makellosen Architektur in einen monumentalen Padiglione della Germania, der an die Münchner Ehrentempel und an das Haus der [Deutschen] Kunst erinnert, sondern um das, was wir damit symbolisch sagen wollen. »Wenn ich in diesen Bungalow da reinschneide und nicht gleichzeitig das Gefühl von Unheimlichkeit habe«, gab Heye zu bedenken, »dann weiß ich gar nicht, woher das zum Teufel wohl kommen soll.« Alles andere sei »geschichtsverloren«, doch das, was die beiden Kommissare vorhaben, »unendlich schwer«.

Die Aufgabe war also unstrittig: Es sollte kein musealer Beitrag verschickt werden, sondern ein authentischer »Erinnerungsort … an dem die informelle Komponente der Politik stattgefunden hat«, worauf Hans Walter Hütter Wert legte. Wohlgemerkt, der Bundesrepublik, nicht der Bonner Republik. Vielleicht darf man dafür André Malraux' Begriff des imaginären Museums ausborgen: ein temporärer, rekonstruierter Ort als soziales Gedächtnis, ein Museum in unserem Kopf, ohne die Aura der Originale, doch mit der Beredsamkeit eines neuen Kontexts. So weit war man immerhin.

EXKURS: WAS WÄRE, WENN …?

Stefan Krämer verlangte zunächst eine Zuspitzung, nämlich inwieweit es sich bei dem Bauauftrag Bungalow um eine private Entscheidung des Kanzlers Erhard gehandelt habe, oder ob diese Architektur tatsächlich ein kollektives Bewusstsein abbilde. »Heute würde ein derartiges Gebäude mit dieser Funktion natürlich über ganz andere Verfahren zustande kommen. … Oder was wäre, wenn … nicht Erhard der Bauherr gewesen wäre, sondern ein anderer Kanzler?« Besitze das Artefakt wirklich »so viel Ausdrucksstärke«, dass man daraus deutsche Geschichte, deutsche Befindlichkeit herauslesen könne?

Dies ist allerdings ein Einwand, der zu einigen Abschweifungen verleiten könnte. Wie würden wir über das Wohnhaus eines Bundeskanzlers sprechen, wenn der beispielsweise einen Architekten wie Paul Schmitthenner beauftragt hätte? Wie würden wir dann »1964« auf der Biennale präsentieren? Ist es nur ein glücklicher Zufall, dass uns Erhard so ein reizvolles Thema schenkt, das damit keineswegs abgeschlossen ist? Was bedeutet die aktuelle

18. Josef Bierbichler: Mittelreich. Berlin, 2013 [2011], Seite 193.
19. Ebenda, Seite 261.
20. Ebenda.

Stefan Krämer

Philip Kurz

Architektur international tätiger Kollegen, die ihre Pläne an – sagen wir es salopp – Schurkenstaaten liefern? Trüby berührte dieses Moment. Es sei einfach, mit der Installation auf das Jahr 1914 zu verweisen, aber immens schwierig, »das Jahr 1964 auf das Jahr 2014 zu beziehen«. Das werde der ganz entscheidende Punkt des Beitrags: » ... die Zukunftsfähigkeit oder auch die Gegenwartstauglichkeit.« Denn das Spannende sei, dass die Installation »auf eine Leerstelle im zeitgenössischen Politik- und Architekturdiskurs hinweist«. Er habe »manchmal den Eindruck, dass wir auf einer politischen Ebene mehr über Baukultur sprechen, je weniger Identifikation es von Politikern mit ganz bestimmten Architekturen gibt, also ... die Äußerungen einer Kanzlerin heutzutage in Bezug auf Architektur sind nicht mal an einer Hand abzuzählen«. Wie würde wohl ihre Villa im Garten des Berliner Bundeskanzleramts aussehen? Unheimlich. Das wollte man sich nicht vorstellen.

ELEMENTARTEILCHEN: GLAS, STEIN UND LANDSCHAFT

Es ging vielmehr noch einmal um das Konstituierende dieser Architektur. Was war gewiss? Der Kanzlerbungalow galt »als eleganter Ausweis einer modernen Bundesrepublik«[21]. »Funktional zweigeteilt in einen offiziellen Empfangsbereich und einen kleineren Wohnbereich, zeigt sich der Kanzlerpavillon mit seinen weiten Verglasungen, dem überstehenden, flachen Dach sowie dem intimen Gartenhof des Wohnbereichs als eine Synthese von Motiven, die auf das Vorbild der Landhausentwürfe und den Barcelona-Pavillon Mies van der Rohes hindeuten, aber auch die Verwandtschaft mit den Brüsseler Pavillonbauten erkennen lassen«[22], die Egon Eiermann und Sep Ruf als deutschen

Beitrag zur Weltausstellung 1958 entworfen hatten. Der Bungalow in Bonn sollte demonstrieren, »wir sind eine Republik, die auf Transparenz, auch politisch auf Transparenz ausgelegt ist«, woran Wilhelm erinnerte. Diese Diskussion, die sich in den 1980er-Jahren vor allem an Günter Behnischs Bundesbauten entzündet hatte (»Demokratie als Bauherr«), wollte man allerdings nicht wiederholen, aber war sich bewusst, dass »transparente Architektur, als eine, die durchsichtig macht, die einsichtig macht«, heute eine andere Bedeutung annimmt. Einerseits lässt sich der Zeitstrahl von hier zurück nach 1914 richten, »um diesen Glücksbegriff Transparenz infrage zu stellen«, womit Durth auf »die Fetischisierung eines Materials« als »Sündenfall der modernen Architektur« am Vorabend des Ersten Weltkriegs verwies. Glas tauge nicht als Erziehungsmittel, um »die besseren Menschen und die glückliche Gesellschaft [zu] bekommen«. Andererseits ließ man auch nicht Hütters Hinweis gelten, dass die zur Rheinseite vor dem Bungalow errichtete Wand aus Panzerglas lediglich »schlicht und ergreifend ein Ergebnis der Sicherheitsbedürfnisse, die sich im deutschen Herbst 77 entwickelt haben,« war. Natürlich besitzt sie eine Bedeutung, »ironischerweise«, wie Wenk anmerkte. Und dass die Sprünge in den Scheiben nicht von abgewehrten Anschlägen, sondern von den vom Rasenmäher weggeschleuderten Kieseln stammten, öffnet für Geisteswissenschaftler ein weites Feld der Interpretation. So sah es auch Lehnerer, denn: »Architektur spricht nicht für sich, sondern spricht immer schon in eine gegebene Sprache hinein.« Es könne nur darum gehen, eine »Widersinnigkeit« aufzuzeigen, die »Diskussion um die Transparenz des Glases [sei ihnen] zuwider«.

Werner Durth

Irene Meissner

21. Paul Sigel und Werner Durth: Baukultur. Berlin, 2009, Seite 617.
22. Ebenda.

Allerdings konfrontierte schon der alltägliche Gebrauch, das Leben unterm Glassturz, die Kanzler mit einer unbekannten Offenheit, der »Verwischung der Grenzen zwischen innen und außen, zwischen Privatem und Öffentlichem«, weshalb sie sich verunsichert »das Heimelige wieder reingeholt haben«, beschrieb Wenk diesen nachvollziehbaren Kompensationsversuch. Wo lebten sie eigentlich?, hatte das Feuilleton schon 1967 gefragt. Ist der Bungalow »… eine Wohnung. Oder doch eine Ausstellung?«.[23]

Sie lebten in der Landschaft. Auch das gehört zu den Wesenszügen, »zum Prinzip in der Architektur von Sep Ruf: … dieses Ineinanderfließen«, erläuterte Irene Meissner. Wenn »die Grenze zwischen gebautem Raum und Landschaft aufgehoben wird – scheinbar – und so etwas wie ein Naturzusammenhang oder ein natürlicher Zusammenhang konstruiert wird, … wo die soziale Ordnung sozusagen einem Prozess der Naturalisierung möglicherweise unterworfen wird«, heißt das für Wenk, dass dies auch eine Art von Vergangenheitsbewältigung ist. Selbst daran, die Bonner Parklandschaft mit nach Venedig zu nehmen, haben die Kommissare gedacht: »Wir planen in

einer gemeinsamen Aktion mit dem Goethe Institut und der William Forsythe Company, dass eine Gruppe von Vogelstimmenimitatoren auf dem Dach dieses Bungalows stehen wird und die Vögel nachahmt, die seit 1964 in diesem Park ausgestorben sind. … Genau: die gegen diese Glaswand geflogen sind«, erheiterte Lehnerer die Runde.

Requisiten und Materialien übernehmen damit eine Art »Führungsaufgabe«. Sie wirken als Medien, denn sie sind nicht bloß abstrakt. Man sieht jedem Element sein »Grundmaterial« an, »nicht wie in der anderen bekannten Architektur Schichtenbauweisen«, erläuterte Burkhardt, weshalb sich einige Kanzler in dem Haus nicht wohlgefühlt und etwas davorgestellt haben. »Man kann sich natürlich den Backstein angucken, und irgendwann ist man von diesem Backstein so gelangweilt, dass man sich fragt: Was hat dieser Backstein für eine Bedeutung? Und wenn man die ganze Zeit nur über die Bedeutung redet, will man irgendwann wieder diesen Backstein in der Hand haben«, so Lehnerer. Es werde eine Wechselbeziehung eintreten zwischen Ding und Bedeutung, zwischen Denotation und Konnotation. Damit war eine weite Strecke

23. Schulz, a. a. O.

in der Debatte zurückgelegt. Da allen die Werkzeuge vertraut waren, ging es nun darum, ihre Anwendung zu diskutieren.

KOLLISION, KONVERSATION, KOMMEMORATION

Was soll diese Installation, diese Montage leisten? Es geht natürlich nicht isoliert um Rufs Kanzlerbungalow. Die Kommissare sind »nicht der szenografische Arm der Denkmalpflege«, wie es Trüby karikierte. Ernst Haigers Version des Padiglione della Germania von 1938 und Rufs Kanzlerbungalow von 1964 treffen nicht surrealistisch wie »Nähmaschine und Regenschirm auf einem Seziertisch« zusammen. Deshalb müsse man »über etwas Drittes sprechen, das Resultat dieser beiden, das Resultat dieses Zusammentreffens«. Interessant sei gerade diese Verschachtelung, der Bruch, der sich zwischen 1938 und 1964 ereignete, was »im erfahrenen Betrachter eine doppelte und dreifache Reflexion … über die Jetztzeit« auslösen muss, wünschte sich Bronfen. Also eine Verlängerung der

Geschichte in die Gegenwart, um mit »Mitteln der Ästhetik und der Sinnlichkeit zu historischer Neugier zu animieren und Problembewusstsein über Aha-Effekte [zu] provozieren«,[24] wie Gottfried Korff die Aufgabe der Museen bereits in den 1980er-Jahren beschrieben hatte. Dabei ist nicht an den Amüsierbetrieb eines Reenactments gedacht, an eine Melange aus Hollywoodkino und Schulfunk, das einfach etwas zurückholt, damit wir es mit leisem Schauer begutachten können. Hermann Lübbe hat vor diesem »Vergangenheitsvergegenwärtigungseifer« gewarnt, ein Ehrgeiz, der ohne »Zusatzeinsichten« belanglos bleibe. Denn »es macht einen Unterschied, ob in unseren Geschichtsunterrichtsbüchern bei der Passage des Jahres 1871 deutschen Schulkindern die Reichsgründung erläutert wird oder, wie 1968 stattdessen empfohlen, die Zukunftsvision der Pariser Kommune«[25]. Genau diese Versuchsanordnung soll auch für den Biennale-Pavillon gelten. Was lehrt uns das Zusammentreffen zweier Architekturen, die einmal für sich Zeitgeschichte abbilden, mit ihrer Synthese jedoch wie in einem chemischen Prozess neue Eigenschaften hervorbringen, aus denen sich die Gegenwart analysieren lässt?

24. Gottfried Korff: Die Popularisierung des Musealen. In: Gottfried Fliedl (Hrsg.): Museum als soziales Gedächtnis? Klagenfurt, 1988, Seite 18.

25. Hermann Lübbe: Forget it! Der Philosoph Hermann Lübbe über das Vergessen und die Historisierung der Erinnerung, gekürzte Fassung eines

Vortrags. In: Magazin der Kulturstiftung des Bundes, Heft 20, Halle an der Saale, 2013, Seite 39.

26. Florian Rötzer: Medien in der Krise. Krise in den Medien. In: Kursbuch 170, Krisen lieben. Hamburg, 2012, Seite 133f.

PRÄSENZ UND PRÄSENS

Wenn 1964 ein Prisma ist, das sein Licht in zwei Richtungen lenkt, dann gilt es, die Gegenwart aus dem zu deuten, was mit den sichtbaren Artefakten des Pavillons erhellt wird. Es waren bestenfalls Fragen, die man den Kommissaren aufgab, Stichworte, Merkpunkte, um die Besucher später eine Kernbotschaft erkennen zu lassen. Staatliche Repräsentation hat sich heute verändert, »der Fokus vom Nationalstaat zu internationalen … Bewegungen« verschoben, womit »ein zentraler Bedeutungsverlust der Regierungen gegenüber den … international agierenden Wirtschaftsmächten einhergeht«, beschrieb Nikolaus Kuhnert den veränderten politischen Zeitgeist. Doch dieser Wandel wird längst infrage gestellt. Taugt also bereits »Antiglobalisierung als Feindbild?«, gab Marten zu bedenken. Für wen baut dann eigentlich »die Demokratie«? Es bilden »weder der Staat noch das Volk noch die Nation sozusagen substanzielle Realitäten«, konstatierte Rebentisch, weil sich die Gesellschaft am politischen Diskurs orientiere, »ebenso wie dann auch die bauliche Repräsentation«. Ist also alles verhandelbar, Nation nicht gleich Demokratie?

Heye nannte es »das Ende der bipolaren Welt«, die in der Globalisierung aufgegangen sei. Doch mittlerweile spüre man »einen Rückfall«, weil »viele glauben, sozusagen im nationalen Kontext sicherer leben zu können als im übernationalen europäischen Kontext«. Sie fürchteten die globale Vereinheitlichung. Deshalb sehen sich die Rechtspopulisten im Aufwind, so die Front National in Frankreich, die Dänische Volkspartei, die Lega Nord in Italien, die Freiheitspartei in den Niederlanden, die SVP in der Schweiz, die FPÖ in Österreich und in Deutschland die AfD. Die Architekturdebatte des Symposiums näherte sich einem Bericht aus Bonn. Und die Krim lag auf einmal näher als Venedig. Heißt das, wir müssen die Globalisierung als Antidot zur Renationalisierung feiern? Helfen uns Barclays, Walton Enterprises, Wells Fargo, Exxon, Goldman Sachs und die Deutsche Bank? Zähmt die Wirtschaft, die gewinnorientierte Rationalität ökonomischer Akteure, die Politik?

Weiter: So wie das Nationale neu verhandelt wird und damit staatliche »Repräsentation« eine andere Bedeutung erhält, changiert auch das Gutwort »Transparenz«. Die Informationsgesellschaft ist nicht nur die Negation der

Nikolaus Kuhnert

Industriegesellschaft, sondern deren Konsequenz. Die neuen Medien erzeugen eine weitere Verunsicherung. Das Internet vermengt Information und Vermarktung, die »Aufmerksamkeitsökonomie«[26] führt durch die Explosion der Mitteilungen zu einer Konformität. Klicks, Visits, Followers, Likes zählen. »Was bedeutet ›Freund‹ noch unter diesen Bedingungen?«, fragte Heye. Statt klarem Einblick und Durchblick, den man mit Transparenz verbunden hat, erlauben die neuen Medien jetzt ein Umherschweifen in der neuen Öffentlichkeit. Da war es nur eine Frage der Zeit und hat niemanden wirklich überrascht, dass »dieser Konflikt zwischen innen und außen« zu einem »Zugriff ins Private« geführt hat, so Wenk. »Das ist die Transparenz, wie wir sie nicht wollen«, resümierte Wilhelm und nannte als Bedingung für eine erfolgreiche Präsentation, »Bruchlinien« zu zeigen: »Wo verändert sich wirklich was … auf die Demokratie hin?«

BRÜCHE SICHTBAR MACHEN

Damit war man beim Eigentlichen angelangt, den Kommissaren rauchte der Kopf. Wie sollte man das alles »ohne Rückfall ins nur bauhistorisch Didaktische« übersetzen, »für Besucher aus vielen Ländern, die zumeist ohne spezifisches Vorwissen, oft nur zufällig und kurz da hineingehen«, wie Durth die kulturtouristische Biennale-Rezeption beschrieb. Was man sich wünschte, was Not tut, ist eine minimale, aktualisierte Kontextualisierung fern jeder Nostalgie, eine räumlich präzise Installation, die umgehend und selbsterklärend neue Zusammenhänge erkennen lässt, aber keinesfalls die Geschichte mythologisierend weiterstrickt. Es muss etwas symbolisiert werden, sonst »hat man

nur eine Verschränkung und Konfrontation von Materialien, die für niemanden lesbar« sind, so Durths Warnung.

Die Frage, wie man das bewältigen könnte, führte die Bonner Runde zunächst dazu, konkrete Hilfsangebote vorzuschlagen, ergänzend zu dem bereits geplanten Kamingespräch mit Gerd de Bruyn. Auch ein Symposium könnte zum Verständnis beitragen, aber man war sich der Gefahr bewusst, dass bei solchen seminaristischen Angeboten nur eine Handvoll Besucher vorbeikäme und nach 20 Minuten weiterwanderte. Die Herausforderung heißt demnach, die beiden verschwägerten Architekturen müssen selbst diese Vermittlung leisten. Rebentisch vertraute darauf, dass die Installation diese Reflexion leisten kann als »künstlerische Intervention …, weil etwas eintritt, was erst mal diese Räume fremd werden lässt, sodass sie … wieder zu Gegenständen werden, die zu interpretieren sind«. Denn die Besucher in Venedig bewegten sich nicht als Nutzer durch die Räume, sondern in einer »ästhetischen Distanz, wie Adorno es so schön gesagt hat«. Voraussetzung sei, forderte Durth, »die Präzisierung des architektonischen Raums«, eine Deutung der »Schnittstellen, wo sich die beiden Systeme berühren«. Hier ergebe sich ein Inszenierungsraum.

»Show, don't tell« wurde inzwischen als einigende Formel notiert und an frühere Auseinandersetzungen mit der Architektur des deutschen Pavillons erinnert.[27] Dass es damit zu harschen Missverständnissen kommen könnte, war nicht abwegig. Wie würden internationale Besucher reagieren, wenn sie den schwarzen Mercedes S 500 des Bundeskanzlers vor dem Pavillon entdecken, den roten Teppich, der über die Schwelle führt und einen Kamin als »Brennpunkt«?

BRENNPUNKTE

Einmütigkeit lässt historische Erinnerung verblassen, Auseinandersetzung hält sie lebendig: Das ist die Botschaft von Gavriel D. Rosenfeld in seiner Auseinandersetzung zum Umgang mit der NS-Architektur in München.[28] Insofern braucht man sich nicht zu fürchten, »dass andere einem die Diskurshoheit abnehmen«, wie Marten einwarf.

27. Durth und Sigel, a. a. O., Seite 687f.

Trüby ahnte bei seinem Hinweis auf das Kaminfeuer natürlich, dass es idiosynkratische Besucher geben könnte, die diese »Flucht in das Performative«, diesen »Überraschungseffekt« als Mahnmal interpretieren würden. Und er fand umgehend mit Kuhnert und Durth zwei sensible Adressaten. Lehnerer zeigte sich erstaunt, denn für ihn wäre die Inszenierung mit einem Kamin »eher ein tragikomisches Element«. Warum stellt man sich nicht eher Kohl beim Nachlegen der Scheite vor? Soll man diese Pavilloninstallation doch als Biblia pauperum lesen, aber nicht wörtlich nehmen! Die Tücke ist doch, dass politische Herausforderungen in jeweils neuer Gestalt erscheinen. So verstehen wir das *Deutsche Küchenlied* von Hanns Dieter Hüsch: »Nur ein kleines Minderwertigkeitsgefühl so dann und wann, denn Faschismus fängt schon in der Küche an.« Hüsch hatte dazu aufgefordert, sich um die Gegenwart zu kümmern und nicht mit historischen Bildern zufriedenzugeben. Was die Kommissare nach Venedig liefern, könnte durchaus als »subversiver Kommentar« stehen, so eine »Ironisierung« ließ Trüby ohne Weiteres gelten.

Und wenn Besucher wirklich an den Holocaust erinnert werden? Dann erkennen sie hoffentlich, dass man Krankheiten, die man heilen will, offenbaren muss. *Zeige deine Wunde!,* ein Environment von Joseph Beuys aus den 1970er-Jahren, steht hierfür Pate.

Krämer rief schließlich in Erinnerung, worum es geht: »Ausgestellt wird Architektur.« Das heißt, es handelt sich in Venedig um keine Geschichtsausstellung mit Architekturrequisiten aus der Lehrstoffsammlung, sondern um ein gebautes Haus mit historischer Bedeutung. Ob man dazu noch eine schusssichere Glaswand aufstellen und eine Mobilfunkantenne anbringen muss, um von 1964 in die Gegenwart zu führen, mögen die Kommissare entscheiden.

Zu guter Letzt brach jemand den teutonischen Ernst der Interpretationen mit nicht ganz ernst gemeinten Vorschlägen zur Panzerscheibe im Bonner Kanzlergarten und wie man der alltäglichen Herausforderung durch die anfliegenden Singvögel gerecht werden könnte.

Nicht auszuschließen, dass sich die heitere Atmosphäre des Pavillons auf die Teilnehmer übertragen hatte.

28. Gavriel D. Rosenfeld: Architektur und Gedächtnis. München und Nationalsozialismus. Strategien des Vergessens. München und Hamburg, 2004.

Leonid Breschnew, Willy Brandt und
Walter Scheel verhandeln 1973 im
Kanzlerbungalow über die Annäherung
von West und Ost. © Barbara Klemm.

VERGEGENWÄRTIGUNG
EIN BEGRIFF, DER ARCHITEKTURGESCHICHTE
UND -ZUKUNFT SPEKULATIV ZUSAMMENFÜHRT

Ursula Baus

»Glücklich ist, wer vergisst, was doch nicht zu ändern ist« – so verspricht es ein Ohrwurm aus Johann Strauss' Operette *Die Fledermaus,* zu der Karl Haffner und Richard Genée das Libretto als Mix aus diversen Literaturvorlagen geschrieben hatten. Die Operette wird bis heute gern aufgeführt, weil in der Verwechslungskomödie eine an Silvester und Fasching willkommene, champagnerselige Flucht aus dem Alltag musikalisch exzellent inszeniert ist. *Die Fledermaus* wurde am 5. April 1874 im Theater an der Wien uraufgeführt, Gustav Mahler präsentierte sie als Dirigent 1894 in Hamburg erstmals einem Opernhaus. Und verfilmt wurde der Evergreen 1917 von Ernst Lubitsch, 1937 von Paul Verhoeven, 1946 von Géza von Bolváry, 1955 als britisch-deutsche Produktion von Michael Powell – im gleichen Jahr aufgeführt mit Elisabeth Schwarzkopf und Nicolai Gedda, dirigiert von Herbert von Karajan. Filmisch ging es 1959 weiter mit Regisseur Kurt Wilhelm und dem Tenor Fritz Wunderlich, 1962 mit Géza von

Cziffra in handlungsmäßig stark vereinfachter Form mit Peter Alexander, Marika Rökk, Willy Millowitsch und Hans Moser. 1972 verfilmte Otto Schenk die Operette, 2003 wurde die Aufführung im Glyndeborn Opera House in prominenter Besetzung aufgezeichnet.

Die Fledermaus ist ein 140-jähriges Erfolgsstück, das im Vergessen des Unabänderlichen die Gegenwart ihrer Vergangenheit unkompliziert entledigt, um das Glück zu beschwören. Solchem Vergessen wirkt die Vergegenwärtigung entgegen – wobei sofort ins Auge springt, dass individuelles Vergessen keinem kollektiven Verdrängen gleichzusetzen ist.

Der zeitliche Rahmen des Biennale-Themas von Rem Koolhaas, von 1914 bis 2014, ist hier im Inszenierungsmetier »Bühne und Film« um 40 Jahre rückwirkend verankert. In mehr als diesen 100 Jahren der Biennale-Themenzeit hat sich das Bewusstsein von Vergangenheit, Gegenwart und Zukunft so verändert, dass bereits jegliche Prämissen

GERHART R. BAUM   »*Die wunderbare Ästhetik des Bungalows und seine Lage im Park,
der Blick auf den Rhein – all das hatte selbstverständlich Einfluss auf das Gesprächsklima.
[…] Es gab Freiräume, man konnte Gedanken freien Lauf lassen, man befand sich in einem
›privaten Raum‹. Ein Beispiel: Als wir 1980 zu Koalitionsverhandlungen im Kanzlerbungalow
zusammenkamen, hatte ich einen Vorschlag zum Thema ›Strafrecht und Homosexuelle‹
eingebracht. Helmut Schmidt explodierte. Die Sitzung wurde unterbrochen, und man ging einfach
in den Park, an den Rhein. Die Lage entspannte sich, und man sprach wieder miteinander. Der
Kanzlerbungalow ist Ausdruck der Bescheidenheit, die Bonn geprägt hat. Ein zweckmäßiges,
schönes Gebäude, in dem die Kanzler gute Gastgeber sein konnten. All das ist in Berlin heute
härter und unpersönlicher geworden.*«

> Gerhart R. Baum war von 1972 bis 1994 Bundestags-
> abgeordneter und von 1978 bis 1982 Innenminister in
> der sozialliberalen Bundesregierung. Er beteiligte sich
> an einigen Verfassungsbeschwerden, unter anderem zum
> »Großen Lauschangriff« und zur Vorratsdatenspeicherung.

ihrer Bewertung infrage gestellt werden mussten. Denn
1874 steckte die vergegenwärtigende Geschichtsschreibung
als Wissenschaft noch in Kinderschuhen, und bis ins
20. Jahrhundert hinein erfand sie sich mehrfach neu.
Doch bevor das abendländische Geschichtsverständnis,
das die Kuratoren des deutschen Biennale-Beitrags zu be-
reichern suchen, angesprochen wird, soll es erst einmal um
Begriffsklarheit gehen. Der Schwerpunkt dieses kleinen
Ausflugs zur »Vergegenwärtigung« liegt im Anschluss auf
ihrem Bezug zur Geschichte und zum Gebauten.

VERGEGENWÄRTIGUNG – VOM WORT ZUM ZEITWORT

Vergegenwärtigung suggeriert im Alltag die Erkenntnis
aus etwas Erinnertem. Wir vergegenwärtigen uns ein Ereignis
oder einen Sachverhalt. Dieses Erinnerte geht auf eine
Vergangenheit zurück, die bereits Augustinus zu differen-
zieren wusste: *praesens praeteritum* benannte er als die Zeit,

wie wir sie für Vergangenheit halten, *praeteritum praesens*
unterschied er als jene Vergangenheit, wie sie einmal
gewesen sein mag. Damit ist bereits grundsätzlich angesprochen, dass Vergangenheit und Gegenwart in einer
äußerst komplexen, immer neu zu verhandelnden Wechselbeziehung zueinander stehen.

Erst seit dem 16. Jahrhundert, seit Humanisten das
Wort *praesentare* (vorzeigen, vorführen) aus dem Latei-
nischen übernahmen und *praesentia* als Gegenwart, das
heißt unmittelbar beeinflussbare Zeit kategorisierten, ist
der Begriff Vergegenwärtigung im Kontext des Gewärti-
gens überliefert.[1] Vergegenwärtigung tauchte dann in
einem erkenntnisrelevanten Zusammenhang erst 1798 bei
Immanuel Kant in seiner *Anthropologie in pragmatischer
Hinsicht* auf – dort als »Vermögen der Vergegenwärtigung
des Vergangenen und Künftigen durch die Einbildungs-
kraft«[2]. Wie so oft weiß Geheimrat Johann Wolfang von
Goethe eleganter zu formulieren: »Mein Freund, die
Zeiten der Vergangenheit sind uns ein Buch mit sieben

---

1. Jacob und Wilhelm Grimm: Deutsches Wörterbuch (Reprint). München
1984–1987, Seite 2282–2299, Stichwort »Gegenwart«: Als Wort »aus
meinem Gesichtskreis gegen mich gekehrt oder gegen mich herkümmend«.
Es erscheint auch: »etwas gewärtigen«. Mit bemerkenswerter Konnotation ist
der Begriff »Gegenwert« erläutert: »verpfendet«. Beschrieben ist die »Gegenwärtigkeit« mit dem Hinweis auf die Literatur: »HALLER: furchtbares meer der
ernsten ewigkeit! … beständigs reich der gegenwärtigkeit«.

CLAUS LEGGEWIE   *»Als wissenschaftlicher Politikberater kam ich in der Bonner Republik erst spät zum Einsatz. Zu Beratungen traf man sich in ganz ordinären Dienstgebäuden, Parteizentralen und im Bundestag – Egon Eiermanns Langem Eugen –, nicht im Bungalow, dessen originäre Sachlichkeit wohl alle Kanzler durch ihre Innenausstattung verpanscht haben. Ich stand also nur bei gelegentlichen Spaziergängen am Zaun und wollte sicher nicht die Familie Kohl stören … Als die Republik nach Berlin remigriert und der Bungalow fürs allgemeine Publikum geöffnet war, schaute ich ihn mir an und verstand Sep Rufs Absicht, demokratische Politik transparent zu machen. In Berlin sind Durchblick und Flexibilität Programm geworden. Der Wermutstropfen ist jedoch, dass Sicherheitsbedenken transparente und bürgerzugewandte Staatsarchitektur performativ durchkreuzen und mit Pollern, MP-bewehrter Polizei und Sichtblenden den gegenteiligen Eindruck von Bedrohung und Kontrolle erwecken. […] Und transparent ist die Politik nicht, wobei wir die Tücken und Kehrseiten des Transparenzgebots durch das Wirken geheimer Dienste und sozialer Netze jetzt auch besser reflektieren.«*

Der Kultur- und Politikwissenschaftler Claus Leggewie leitet das Kulturwissenschaftliche Institut in Essen. Er betrachtet Politik seit vier Jahrzehnten aus wissenschaftlicher und praktischer Perspektive und wirft dabei ein Auge auf ihre sogenannten Äußerlichkeiten.

Siegeln. Was ihr den Geist der Zeiten heißt, das ist im Grund der Herren eigner Geist, in dem die Zeiten sich bespiegeln.« (*Faust,* Teil 1, gleich zu Beginn nächtens zu Wagner). Vergangenheit und Zukünftiges erscheinen hier bereits als »Konstrukte« der Gegenwart, was an die Vorstellung der »ewigen Gegenwart« in einem weltumspannenden Reich denken lässt, wie Michael Hardt und Antonio Negri sie in ihrem *Empire*[3] entworfen haben – das ist Thema von Philip Ursprung im allgemeinen Ausstellungskatalog *Bungalow Germania*.

VERGEGENWÄRTIGEN – ZWISCHEN STAUNEN, NACHAHMEN UND BENUTZEN

Vergegenwärtigung besitzt also bereits im Sinne des Erkennens eine erhebliche Bedeutungsvielfalt, die sich strukturell um die Relationen zwischen Raum und Zeit rankt. Mehrere Disziplinen erforschen und interpretieren diese

Beziehungen sehr unterschiedlich – auch in disziplintypischen Argumentationsmustern, was nicht zuletzt die Bonner Tagung offenbarte (siehe den Beitrag von Wolfgang Bachmann ab Seite 17). Sie stellen diese Beziehungen sehr unterschiedlich dar, was im: Biennale-Beitrag 2014 als Herausforderung begriffen worden ist.[4]

Im Kontext des Biennale-Projektes von Alex Lehnerer und Savvas Ciriacidis lohnt es sich deswegen, »Vergegenwärtigung« zunächst zu anderen verbreiteten sinnverwandten Begriffen abzugrenzen, aber es scheint angeraten, sich auf wenige Aspekte zu beschränken, die im Kontext ihres Biennale-Projektes relevant sind: Mythos, Reenactment, Aktualisierung – bis hin zur Präsenz.

MYTHOS – LOB UND TADEL DER UNWISSENHEIT

Zur Vergegenwärtigung gehört nicht unabdingbar, aber ursprünglich der Mythos als Erzählung, mit der Welt und

2. Immanuel Kant: Anthropologie in pragmatischer Hinsicht, 1798, Erster Theil, Erstes Buch, § 34. Online unter: http://www.korpora.org/kant/aa07/182.html, Stand: 03.04.2014.

3. Michael Hardt und Antonio Negri: Empire – die neue Weltordnung. Frankfurt am Main und New York, 2002, Fortsetzung siehe dieselben: Multitude – Krieg und Demokratie im Empire. Frankfurt am Main und

New York, 2004, und dieselben: Common Wealth: Das Ende des Eigentums. Frankfurt am Main und New York, 2010.

4. Der vorliegende Beitrag wurde im März 2014 geschrieben, als die Umsetzung des Projekts noch nicht in Augenschein genommen werden konnte.

UWE-KARSTEN HEYE   *»Journalistisch habe ich hier Hintergrundgespräche mit Willy Brandt erlebt, als ich noch als Journalist tätig war und noch nicht für ihn auch als Redenschreiber gearbeitet habe – was ich gerne getan habe. Brandt war ja einer der wenigen politischen Figuren in der Republik, vor denen man keine Angst zu haben brauchte. Völlig zu Recht ging die Verleihung des Friedensnobelpreises an ihn. […] Was mir, wenn ich hier in den Bungalow komme, durch den Kopf geht, ist, dass es ein Bau aus dem Jahr 1964 ist. Und wenn ich an diese Zeit zurückdenke, erinnere ich mich an eine postfaschistische Gesellschaft, die besonnt war von den Heimatfilmen, aber in ihrer Mentalität nicht viel weiter weg von dem, was 33 bis 39 und Folgende in diesem Lande gedacht worden ist. Ich erinnere mich daran, dass in der Adenauer-Republik fast 1:1 die braunen Funktionseliten übernommen wurden, sowohl in der Justiz, in der Wirtschaft als auch in der Verwaltung und in der Wissenschaft. Gleiches galt für den Medienbereich und in Architektur nicht weniger. […] Und dieser Bau, so scheint mir, weist vielleicht über die postfaschistische Gesellschaft hinaus und ist zugleich noch Teil davon.«*

Uwe-Karsten Heye begleitete die Politikdebatten in der Bundesrepublik Deutschland ab 1964 als Journalist und von 1998 bis 2003 als Regierungssprecher. Aktuell ist er als Buchautor zeitgeschichtlicher Themen tätig.

Dasein wiedergegeben und/oder erklärt werden. Als derartige Konstruktion von Wirklichkeit beziehungsweise dessen, was als Wirklichkeit gelten soll, ist der Mythos zunächst religiös bestimmt. Und durchaus unterhaltsam auch in Göttersagen zu glanzvoller Literatur gereift. Das Erzählen ist im Mythos zugleich ein Begründen, das *nicht* auf Wissen basiert – und bis heute fröhliche Urständ feiert.[5]

Denn die Auseinandersetzung mit der Charakterisierung und Erklärung des Mythos reicht bis in die Gegenwartsphilosophie, wobei ein Gedanke von Roland Barthes bemerkenswert ist: Im modernen Mythos werde Natur mit Geschichte verwechselt und Alltägliches vergöttert.[6] Die Gefahr, die darin liegt, rückt die Mythisierung in die Nähe der Stilisierung: Schauspieler werden zu Stars, Bauten zu Ikonen – nicht zu verwechseln mit *Icon Buildings*, die durch formale Extravaganz Aufmerksamkeit auf sich lenken. Mythisiert könnte ein Gebäude wie der Bonner Kanzlerbungalow die Geschichte der jungen Bundesrepublik in ein befremdliches Licht rücken – ein

Gedanke, der beim Symposium in Bonn mit der Frage »Oder was wäre, wenn … nicht Erhard der Bauherr gewesen wäre, sondern ein anderer Kanzler?« weitergeführt wird (siehe Seite 23). Damit kommt bereits die Rezeption des Mythos zur Sprache, die nicht nur spekulativ ausfallen kann. Denn »aus der Rezeption des Mythos ergeben sich vielfältige Möglichkeiten der Realisierung *retrospektiver* Utopien«[7]. Dazu erinnert Peter Sloterdijk in seinen Tagebüchern übrigens an Franz Werfel: »Werfel hat das Verdienst, bewiesen zu haben, daß Science-fiction das Medium des Konservatismus ist. Sie führt vor, was künftig möglich wird, damit man den Geschmack am Jetzigen nicht verliert.«[8]

Mythen – auch jene des Alltags – erweisen sich als sehr zweckdienlich, wenn es darum geht, Geschichte beziehungsweise Geschichtsschreibung im Sinne individueller oder kollektiver Identität zu betreiben. Dazu später.

5. Hans Blumenberg: Arbeit am Mythos. Frankfurt am Main, 1979, Seite 108.

6. Roland Barthes: Mythen des Alltags. Frankfurt am Main, 1976.

7. Kunibert Bering: Der Mythos als Modus der Vergegenwärtigung. Rom als exemplarischer Fall. In: Johannes Myssok und Ludger Schwarte: Zeitstrukturen. Techniken der Vergegenwärtigung in Wissenschaft und Kunst. Berlin, 2013, Seite 29.

8. Peter Sloterdijk: Zeilen und Tage. Berlin, 2012, Seite 263.

9. Ulf Otto: Gegen Vergegenwärtigung. Zur Geste und Genese des Reenactments. In: Mathias Mertens (Hrsg.): Vergegenwärtigung. Jahrbuch für Kulturwissenschaften und ästhetische Praxis. Hildesheim, 2009, Seiten 100 und 106.

FRIEDHELM OST »*Menschen, die in den Bungalow eingeladen wurden, kamen sich einfach näher, fanden schnell zum Gespräch und Meinungsaustausch, nahmen vielfach Bezug zur Außenwelt – zum Park oder zum Rhein –, da die Glasfassaden dies hervorragend ermöglichten. Es gab bei einigen hohen politischen Besuchern wie Staatspräsidenten und Regierungschefs aus dem Ausland stets den Überraschungsmoment, dass der Kanzler der Bundesrepublik Deutschland mit ihrer starken Wirtschaftskraft in diesem Bungalow doch sehr bescheiden, ja mit Understatement seine Amtswohnung hatte – und nicht wie viele dieser Besucher in einem Palazzo oder gar im Elysée. In der Geschichte der Bundesrepublik Deutschland nimmt der Kanzlerbungalow gewiss einen wichtigen Platz ein – als ein Bauwerk, das trotz des sogenannten deutschen Wirtschaftswunders außerordentlich kostengünstig errichtet wurde und dennoch eine wichtige historische Epoche symbolisiert, das als Flachbau nicht zu großen Höhen strebte.*«

Friedhelm Ost, Staatssekretär a.D., erlebte als Regierungssprecher Helmut Kohls von 1985 bis 1989 zwei Mal pro
Woche den Kanzlerbungalow – zu offiziellen Anlässen,
aber auch Besprechungen im kleinsten Kreis, in privater
Atmosphäre, um politische Projekte, Herausforderungen
und Trends zu diskutieren.

REENACTMENT – OB SICH DAS GESTERN WOHL ERLEBEN LÄSST?

Zur Präsentation und Rezeption des Mythos gehört unter anderem das »Reenactment«, in dem Vergangenes – etwa ein historisch überliefertes Ereignis oder eben auch ein Mythos – nachgespielt wird. Im Reenactment soll das Nachspielen möglichst authentisch und in keinem Widerspruch zu wissenschaftlich erschlossenen Quellen ablaufen. Was auch immer unter »authentisch« verstanden werden darf. Es wird auf Originalschauplätze oder doch auf glaubwürdige Kulissen so viel Wert gelegt wie auf entsprechende Kostüme und natürlich Handlungsabläufe. Ein besonderes Moment des Reenactments liegt darin, dass Darstellung und Vollzug vereint werden, wobei es kein Zufall sein mag, dass die Reenactments in den 1960er-Jahren, der Zeit der Happenings, entstanden.[9]

Solche vergegenwärtigende Geschichtsvermittlung entwickelt populärwissenschaftliche Kraft. Oft werden Privates und Historisches, Glücksmomente und notierbare Ereignisse verwoben, was die *living history* sehr beliebt macht. Die Grenze zum *histotainment* ist fließend – man kann sich denken, wie Guido Knopp den Kanzlerbungalow ins Fernsehen bringen würde …

Allerdings muss beim Reenactment auch auf den ernst zu nehmenden »lebensweltlichen Zugang zur Geschichte«[10] hingewiesen werden, auf den im Zusammenhang von Vergegenwärtigung und Präsenz zurückzukommen ist. Niklas Luhmann hatte dagegen festgestellt: »Zukünfte und Vergangenheiten können (und in dieser Hinsicht sind sie gleich) nur intendiert bzw. thematisiert werden, aber nicht erlebt werden.«[11] Als messerscharfer Systemtheoretiker hat Luhmann natürlich recht, aber wer das »Erleben« etwas weiter fasst, widerspricht!

Die Silbe »Re« (-enactment) zeigt deutlich, dass es hier dezidiert um eine Wiederaufnahme von Vergangenem geht, während sich – siehe oben – »Vergegenwärtigung« sowohl zur Vergangenheit als auch zur Zukunft spannt.[12] Bemerkenswert ist zudem, dass im Reenactment durch

10. Tim Raupach: »Glaubwürdige Bilder erspielter Erinnerung« – authentisierende Kulturtechniken historischen Wissens. In: Otto, a. a. O., Seite 110.

11. Zitiert nach Alois Hahn: Erinnerung und Prognose. Zur Vergegenwärtigung von Vergangenheit und Zukunft. Otto-von-Freising-Vorlesungen der Katholischen Universität Eichstätt-Ingolstadt. Opladen, 2003, Seite 12.

12. Otto, a. a. O., Seite 105.

BARBARA KLEMM   *»Zum ersten Mal war ich als Pressefotografin 1973 beim Treffen von Leonid Breschnew mit Bundeskanzler Willy Brandt im Kanzlerbungalow. Dies war im Nachhinein gesehen eines der wichtigsten Ereignisse, das die Ostverträge vorbereitete und schließlich zum Mauerfall und der deutschen Vereinigung führte. Auch Bundeskanzler Kohl habe ich dort mit seinen Mitarbeitern in seinem Arbeitszimmer fotografiert. Den Bungalow fand ich für die damalige Zeit sehr modern und für seine Funktion angemessen. Aufgrund der großen Glasfenster entstand manchmal eine Gegenlichtsituation, die für die Fotografen etwas schwierig war.«*

Barbara Klemm ist Fotografin der *Frankfurter Allgemeinen Zeitung.* »Ihre Königsdisziplin […] ist das Porträt. Sie hat die Großen und die noch viel Größeren porträtiert, aber nie sieht man bei ihr Giganten, sondern immer nur Sonderlinge an ihren Arbeitsplätzen, kauzige oder quirlige Wesen in den verschiedenen Stadien der Selbstbehauptung. […] Einsamkeit wird bei ihr sichtbar als eine Funktion des Ambientes. Die Interieurs erzählen ihre ganz eigene Geschichte, hinterm Rücken des Abgebildeten.« (Durs Grünbein: Die Jägerin. Eine Laudatio auf Barbara Klemm. In: *Frankfurter Allgemeine Zeitung* vom 20.02.2010)

mediale Übertragung Geschichte auch *geschrieben* wird und Computerspiele in der Regel in einem historisierenden Kontext angesiedelt werden.[13] Im Reenactment wird die Darstellung dessen, was für verbürgte Vergangenheit gehalten wird, darstellerisch mehr oder weniger originell oder pragmatisch bewerkstelligt – ob im Theater, Film oder Computerspiel. »Die Darstellung von Geschichte […] hat sich mit dem Erscheinen neuer Medientechnologien seit dem 19. Jahrhundert vom Primat der Erzählung und des Textes gelöst und appelliert gegenwärtig im Bereich des WWW, der Video- und Computerspiele an Analysen, die sich auf die komplexen Beziehungen von Bild und Text, auf die Organisation von Ereignisserien und zeitlichen Folgen konzentrieren und hier den Realismus der Bildlichkeit als Produktionsstrategie des Authentischen immer wieder neu diskutieren müssen.«[14] Die Frage stellt sich, ob die Architekturrekonstruktionen der Gegenwart, wie wir sie aus Berlin, Braunschweig oder auch aus gewissenhaft erarbeiteten Denkmalpflegeprojekten

kennen, als eine Art »Reenactment durch Architekten« interpretiert werden können.[15] Was derartige Rekonstruktionen bezwecken, erschließt sich in seiner Banalität leider allzu oft als Polit- oder Vermarktungsstrategie. So wie das Reenactment in jeder Fachwerkkulisse, die mit *Götz von Berlichingen* zur Touristenattraktion geadelt wird. Oder wie in Bad Segeberg in einer Kontinuitätsvariante, wo bei den Karl-May-Spielen alles weitergeht, obwohl Pierre Brice für die Rolle des Winnetou zu alt geworden ist.

AKTUALISIERUNG – INKOMPATIBLE UPDATES

Abzugrenzen ist die Vergegenwärtigung auch von der Aktualisierung. Diese gibt unverhohlen darüber Auskunft, dass eine Sache zwar »vergegenwärtigt« wird, aber in veränderter Form, Funktion oder Struktur. In der Computerwelt erscheint Aktualisierung primär als Updating: »Eines der unausgesprochenen Dogmen heutiger Lebensbewältigung

13. Raupach, a. a. O., Seite 112.

14. Ebenda, Seite 119.

15. Winfried Nerdinger (Hrsg.): Geschichte der Rekonstruktion. Konstruktion der Geschichte. München, 2010; Uta Hassler und Winfried Nerdinger (Hrsg.): Das Prinzip Rekonstruktion. Zürich, 2010; Michael Braum und Ursula Baus (Hrsg.): Rekonstruktion in Deutschland. Positionen zu einem umstrittenen Thema. Basel, Boston und Berlin, 2009.

Leonid Breschnew, Willy Brandt und
Walter Scheel verhandeln 1973 im
Kanzlerbungalow über die Annäherung
von West und Ost (links: Egon Bahr und
Andrej Gromyko im direkten Gespräch).
© Barbara Klemm.

heißt *updating* statt nachsitzen. Nachsitzen – oder in Worten Freuds: Erinnern, Wiederholen, Durcharbeiten – gilt als Zeitverschwendung, *updating* hingegen als Inbegriff der Realitätstüchtigkeit. Sein Erfolgsrezept ist, Realität auf Aktualität zu reduzieren.«[16] Realitätsreduktion auf Aktualität? Das ließe vermuten, dass Vergegenwärtigung auch als eine Art jetztzeitlicher Vergewisserung herhalten muss – und sich dabei erschöpfen könnte.

Aktualisierung oder Updating entgrenzt Vergegenwärtigung in die Zukunft. In diesem Sinn und obendrein medientauglich hatten Friedrich von Borries und Matthias Böttger ihren Beitrag zur Architektur-Biennale 2008

Updating Germany betitelt und folgerichtig mit »projects for a better future« präsentiert. Ihnen ging es um Zukunft, die sie in 100 breit gefächerten Projekten der Weltöffentlichkeit zeigten.[17] Im Kontext des aktuellen Projekts *Bungalow Germania* liegt es näher, Vergegenwärtigung in einen geschichtswissenschaftlichen Diskurs einzubetten. Lehnerer und Ciriacidis mischen sich mit ihrem Vergegenwärtigungsprojekt, mit ihrem Teiltransfer beziehungsweise der Teilkopie des Kanzlerbungalows in ein Metier, in dem die Geschichtswissenschaft immer mehr an Deutungshoheit zu verlieren scheint.[18]

16. Christoph Türcke: Up to date auf Teufel komm raus – Über die Vergegenwärtigungsgewalt von Bildmaschinen. In: Myssok und Schwarte, a. a. O., Seite 130.

17. Online unter: http://www.updatinggermany.de/, Stand: 03.04.2014.

18. Welche Rolle die Deutungshoheit derzeit spielt, wurde auch im Bonner Symposium angesprochen, siehe dazu Wolfgang Bachmanns Beitrag im vorliegenden Beitrag ab Seite 15.

Vorab sei bemerkt, dass sich gerade die Geschichtswissenschaft ständig aktualisieren muss, wenn sie in einer Gegenwart, in der ihr auch die Kunst den Rang als Vergegenwärtigungsdisziplin gelegentlich abläuft, Einfluss nehmen will – statt instrumentalisiert zu werden.[19]

»Aktualisierung« im Bauen gehört – was nicht zu unterschätzen ist – zum Alltag jedes Architekten und jedes Denkmalpflegers. Dem Zerfall als Pendant zum Vergessen etwas entgegenzusetzen, zu sanieren, zu renovieren: Auch das ist Aktualisierung.

WAS KÜMMERT UNS VERGANGENHEIT? DIE DAUERKRISE DER GESCHICHTSWISSENSCHAFT

Wenn der Vergangenheit nachgespürt werden soll, bietet sich heute eine überwältigende Quellenvielfalt. In allem materiell noch Vorhandenen – Gegebenem, Gewachsenem, Gebautem, Gemachtem – und in allem, was zunächst erzählt, dann verschriftlicht, später bildlich, mit Film und Ton und digitalisiert überliefert worden ist, kann und wird man fündig werden. Die Geschichtswissenschaft – auch die Architekturgeschichtswissenschaft – muss sich angesichts dessen als relativ junge, von Selbstzweifeln und Geringschätzung geplagte Wissenschaft immer wieder selbst hinterfragen. Und sie muss in verschiedenen Erkenntnismodellen ohnehin alles hinterfragen, was wir von der Vergangenheit zu wissen glauben, was überhaupt vergegenwärtigt werden könnte. Mehr noch: Sie muss sich fragen lassen, mit welchem Sinn und Zweck sie sich existenziell überhaupt rechtfertigen kann.

Die altertümliche »Geschichte« als Heilsgeschichte, deren Ziel gottgegeben ist; die Säkularisierung dieser Heilsgeschichte in der Aufklärung, in der auf Vernunft vertraut wird; die Weltgeschichte als Fortschritt des Geistes zur Freiheit, wie sie Georg Wilhelm Friedrich Hegel sah; die Geschichte als Weg zur klassenlosen Gesellschaft, wie sie Karl Marx interpretierte; schließlich Friedrich Nietzsches Interpretation der Geschichte als ewige Wiederkehr des Gleichen, sozialdarwinistische Einflüsse und vieles mehr: Es fasziniert die Neugier, mit der Vergangenheit erkundet und erklärt wurde, bis im 20. Jahrhundert Michel Foucault und François Châtelet den literarisch konnotierten Geschichtspluralismus propagierten, Barthes und Jacques Derrida den Unterschied

zwischen Geschichte als Wissenschaft und Geschichte als Fiktion mit guten Gründen anfochten oder Francis Fukuyama das Ende der Geschichte verkündete.[20]

Warum also wird heute Geschichte überhaupt als Wissenschaft verfolgt? Welchen Sinn hat es – gleichgültig, ob man Schriftsteller, Politiker, Atomforscher, Arzt, Handwerker, Künstler oder Architekt oder wer weiß was ist –, sich mit Vergangenem zu befassen, wie es auf sehr eigene Art und Weise die Kommissare Lehnerer und Ciriacidis tun?[21]

Eine unmittelbar einleuchtende, bei genauerem Hinsehen komplizierte Antwort gibt der Begriff: Vergegenwärtigung. Was vergegenwärtigt wird, ist Teil der Gegenwart und damit einflussreich und benutzbar für deren Entwicklung – ob in ethischen, ökonomischen oder politischen oder welchen Bereichen auch immer. Der Historiker Michael Stürmer, der einst Bundeskanzler Helmut Kohl beraten hat, erläuterte einmal: Die Politik dürfe nicht ignorieren, »daß in einem geschichtslosem Land die Zukunft gewinnt, wer die Erinnerung füllt, die Begriffe prägt und die Vergangenheit deutet«[22]. Kohl war vertraut mit Stürmers Sicht und bezeichnete ein Deutsches Historisches Museum 1985 im Bundestag als »nationale Aufgabe von europäischem Rang«[23]. Von Interesse ist in unserem Kontext, welche Rolle Gebautes – Architektur, Stadt, Landschaft – dabei spielt beziehungsweise: welche Rolle ihm zugewiesen wird.

Vor allem ab den 1980er-Jahren waren zahlreiche neue Geschichtsmodelle parallel entwickelt und dann auch kontrovers debattiert worden. Erwähnt sei die historische Anthropologie, die Gesellschaftsgeschichte auch mit Interessen am Alltag verknüpft[24] – Christian Holl erläutert sie am Beispiel Bonns und des Kanzlerbungalows (siehe seinen Beitrag ab Seite 49). Ulrich Raulff beschreibt den Ansatz prägnant: »Analog zum Begriff des ›offenen Kunstwerkes‹ sollte eine offene Geschichte entstehen, die dem subjektiven, fragmentarischen und polemischen Charakter des Gedächtnisses mehr vertraute als den abgeklärten Hervorbringungen der Geschichtswissenschaften. Eine Neugeburt der Historie aus der Anthropologie – und zugleich Selbstreflexion der Geschichtsschreibung auf ihren Bankrott im Zeitalter des institutionalisierten und politisierten Gedenkens.«[25]

Dass sich das geschichtstheoretische Interesse stets aus einem mehr oder weniger aktuellem Anlass bestimmten Aspekten

19. Johannes Rohbeck: Zukunft der Geschichte. Geschichtsphilosophie und Zukunftsethik. Berlin, 2013.

20. Jürgen Mittelstraß (Hrsg.): Geschichte. Geschichtlichkeit. Mannheim, Wien und Zürich 1980, Band 1, Seite 750–755; Stefan Jordan: Theorien und Methoden der Geschichtswissenschaft. Paderborn, München,

Wien und Zürich, 2009; Lothar Kolmer: Geschichtstheorien. Paderborn, München, Wien und Zürich, 2008.

21. Reinhard Koselleck (Hrsg.): Vom Sinn und Unsinn der Geschichte. Aufsätze und Vorträge aus vier Jahrzehnten. Frankfurt am Main und Berlin, 2010.

22. Frankfurter Allgemeine Zeitung vom 25.04.1986.

VERGEGENWÄRTIGUNG. EIN BEGRIFF. DER ARCHITEKTURGESCHICHTE UND -ZUKUNFT SPEKULATIV ZUSAMMENFÜHRT

PETER CONRADI *»Als SPD-Bundestagsabgeordneter war ich mehrfach im Kanzlerbungalow, zum Beispiel zu Abgeordnetengesprächen mit Willy Brandt. 1973 organisierte ich ein Kinderfest für die Kinder der SPD-Bundestagsabgeordneten, und da waren wir nachmittags zu Gast bei Willy Brandt. Der Kanzlerbungalow gefiel mir sehr gut. Modern, schlicht, schöne Proportionen, angenehme Räume, eher bescheiden als repräsentativ. Die Atmosphäre war locker, aber etwas kühl. [...] Am 19. Juli 1991, einen Tag vor der Bundestagsdebatte über die Hauptstadt Berlin/ Bonn, besichtigte Bundeskanzler Helmut Kohl den Rohbau des neuen Bundestagsplenarsaals in Bonn und ließ sich die Planung von Günter Behnisch und mir erklären. Danach fragte Kohl uns: ›Wollt ihr mal sehen, wie ich hier wohne?‹ Natürlich wollten wir, und er führte uns durch den Kanzlerbungalow und erzählte, wie er dort lebe, zum Beispiel abends in den drei mal vier Meter großen warmen Badebecken stehend, mit einer Flasche Wein und einem Buch ... Das war sehr privat und freundlich, die Hauspantoffeln unterm Bett, das Frühstücksgeschirr in der Küche. Da ich das Innere des Kanzlerbungalows von früher kannte, störte mich die von der Stuttgarter Architektin Herta-Maria Witzemann auf Kohls Wunsch ausgesuchte neue Möblierung – zu brav, zu spießig. Andererseits fand ich (1991) die niedrigen Raumhöhen, die schlanken Fensterprofile und andere Details der 1960er-Jahre unangemessen, für einen Kanzlerbungalow zu leicht, zu kleinteilig, zu bescheiden, Architektur der 1960er-Jahre eben. Natürlich ist der Kanzlerbungalow ein Erinnerungsort für die westdeutsche Bundesrepublik. Er entsprach dem Bemühen der Politik, des Bundeskanzlers Ludwig Erhard und seiner Nachfolger, nicht großartig, sondern bescheiden aufzutreten und allmählich den Weg zurück in die Gemeinschaft der demokratischen Staaten zu finden. Sep Ruf hat diese Haltung architektonisch vorzüglich ausgedrückt und die mit dem deutschen Pavillon auf der Brüsseler Weltausstellung (Ruf, Eiermann) begonnene Linie konsequent weitergeführt.«*

Peter Conradi studierte Architektur an der TH Stuttgart und arbeitete nach der Zweiten Staatsprüfung (Regierungsbaumeister) in der Hochbauverwaltung des Landes Baden-Württemberg, zuletzt als Leiter des Staatlichen Hochbauamts I Stuttgart. Von 1972 bis 1998 war er Mitglied des Bundestags und hat sich als einer der wenigen Architekten im Parlament vor allem um Fragen des Planungs- und Bodenrechts (Bundesbaugesetz) und um die Parlamentsbauten in Bonn und Berlin gekümmert. Von 1999 bis 2004 war er Präsident der Bundesarchitektenkammer.

zuwendet, versteht sich von selbst; die identitätsstiftende Funktion der Geschichte spielt dabei eine erhebliche Rolle. Geschichtswissenschaften reduzieren insofern nicht die möglichen Vergangenheiten, sondern mehren sie, indem sie mehr und mehr vergegenwärtigen – getrieben von dem Wunsch, dem Vergessen entgegenzuwirken.[26]

Und dabei stieg in den vergangenen 20 Jahren in einem erstaunlichen Maße die Aufmerksamkeit für den Raum.

Für das Gebaute. Für die Stadt. Historiker wie Reinhart Koselleck und dann, 2003, wortgewaltig Karl Schlögel beklagten die »disziplinäre Trennungsgeschichte von Raum und Zeit« nach 1945, in der die Historiografie »implizit die Probleme von Raum und Ort als vergangenheitsbelastet umgangen« habe.[27]

Aber nicht nur die Geschichtswissenschaften widmen sich dem Raum als Quelle der Vergegenwärtigung – auch

23. Helmut Kohl: Rede zur Nation. In: Christoph Stölzl: Deutsches Historisches Museum. Frankfurt am Main und Berlin, 1988, Seite 641, zitiert nach Wikipedia, Stand: 30.03.2014.
24. Alfred Lüdtke: Alltagsgeschichte. Zur Rekonstruktion historischer Erfahrungen und Lebensweisen. Frankfurt am Main, 1989.

25. Ulrich Raulff, Süddeutsche Zeitung vom 13.07.2001.
26. Hahn, a. a. O., Seite 26.
27. Knut Ebeling: Historischer Raum. Archiv und Erinnerungsort. In: Stephan Günzel (Hrsg.): Raum. Ein interdisziplinäres Handbuch. Stuttgart, 2010, Seite 127.

WOLFGANG SCHÄUBLE *»Der Kanzlerbungalow war für Helmut Kohl ein Rückzugsort, mehr privat als repräsentativ. Er besprach sich hier oft im kleinen Kreis mit Vertrauten und Freunden. In besonderer Erinnerung habe ich einen Abend mit dem großen Philosophen Karl Popper, Anfang der Neunzigerjahre.«*

Wolfgang Schäuble (CDU) ist seit 1972 Mitglied des Bundestages, seit Jahrzehnten mit Regierungsaufgaben in der Bundespolitik vertraut und derzeit Bundesminister der Finanzen.

im deutschen Biennale-Projekt deutet sich an, welche Bandbreiten Vergegenwärtigungen inzwischen erreichen. Aber eignet sich »der Raum« überhaupt dafür? Welche Funktionen des Erinnerns übernimmt er?

ERINNERUNG UND GEDÄCHTNIS – INDIVIDUELL UND KOLLEKTIV

Als praktikabel für die Unterscheidung verschiedener Arten der Vergegenwärtigung erwies sich in der Geschichtswissenschaft die Unterscheidung von persönlicher Erinnerung und unterschiedlichen Gedächtnisarten. Das Gedächtnis speichert, die Erinnerung konstruiert. Die konstruierte Erinnerung manipuliert wiederum das Gedächtnis. Die auch sozialwissenschaftlich betriebenen Analysen zum individuellen, kollektiven und kulturellen Gedächtnis bieten für eine differenzierte Betrachtung von Vergegenwärtigungsarten eine recht tragfähige Grundlage. Mit dem kollektiven Gedächtnis hatte sich bereits 1939 wegweisend Maurice Halbwachs[28] befasst, wie Jordan es treffend charakterisiert: »Das kollektive Gedächtnis vergegenwärtigt […] die Vergangenheit und die Bedingungen, warum und wie diese Vergegenwärgung geleistet wird. Das kollektive Gedächtnis entsteht nicht allein aus dem einzelnen Menschen heraus – wie

das individuelle Gedächtnis –, sondern ist ein Produkt sozialen Lernens.«[29]

Für das kollektive Gedächtnis spielt die Kommunikation eine erhebliche Rolle, die seit den 1990er-Jahren von Jörg und Aleida Assmann untersucht wird. Man kann sich zum Beispiel über verschiedene Ergebnisse des Vergegenwärtigens streiten – oder sich im Sinne der Identitätsstiftung auf gemeinsame Erinnerungen einigen.[30] Geschichte, so ließe sich ergänzen, ist ein inszeniertes kollektives Gedächtnis, und die Geschichtswissenschaften bilden ein »Bollwerk gegen beliebiges Inszenieren«[31].

DAS KULTURELLE GEDÄCHTNIS – ORTE BLEIBEN, MENSCHEN GEHEN

Schnittmengen maßgeblicher Wissenschaften, die sich mit Vergegenwärtigung befassen, finden sich schließlich im kulturellen Gedächtnis zusammen, in dem auch Traditionen und Mythen zur Sinnstiftung beitragen, in dem außerdem Darstellungsweisen des Vergangenen ins Rampenlicht rücken.[32]

Zum kulturellen Gedächtnis gehören nun auch die Erinnerungsorte, die wir heute wie eine Selbstverständlichkeit begreifen – und scharenweise auf Kulturreisen oder am Sonntagnachmittag besuchen. Analog zu Gedächtnis und

28. Maurice Halbwachs: Das kollektive Gedächtnis. Frankfurt am Main, 1985.

29. Jordan, a. a. O., Seite 169.

30. Aleida Assmann: Der lange Schatten der Vergangenheit. Erinnerungskultur und Geschichtspolitik. München, 2006; Jan Assmann: Kollektives Gedächtnis und kulturelle Identität. In: Jan Assmann und Tonio Hölscher (Hrsg.): Kultur und Gedächtnis. Frankfurt am Main, 1988.

31. Hahn, a. a. O., Seite 12.

32. Jordan, a. a. O., Seite 171.

EGON BAHR   »*Ich bin ganz sicher, der Erhardt hat gar nicht gewusst, was er mit seiner engen Sparsamkeit der Architektur für ein Juwel geschaffen hat. Im Interesse des Staates. Das war bescheidene Modernität. Zweckmäßigkeit. Typisch Bundesrepublik. Typisch geteiltes Land. Typisch Erhardt.*«

Auszug aus der 2014 ausgestrahlten vierteiligen WDR-Filmdokumentation *Geheimnisvolle Orte*, deren vierte Sendung heißt *Geheimnis Kanzlerbungalow. Wohnzimmer der Mächtigen.* Die Zitate auf den folgenden Seiten (oben) sind ebenfalls dieser Filmdokumentation entnommen.

Erinnerung wird inzwischen vorgeschlagen, Erinnerungsorte von Gedächtnisorten zu unterscheiden – Letztere bezeichnen jene Orte, deren Bedeutung stetig zu »aktualisieren« ist.[33] Es lohnt sich, ihren Vergegenwärtigungswert genauer zu betrachten. Ganz einfach, weil sich Historiker mit ihren »Erinnerungs- und Gedächtnisorten« auf architekturhistorisches Terrain wagten, das üblicherweise Kunsthistoriker und an Geschichte interessierte Architekten bestellen. Ob dies an der bereits angesprochenen Aversion deutscher Nachkriegshistoriografie gegen »räumliche Fixierungen«[34] liegt, sei dahingestellt.

Der französische Historiker Pierre Nora hatte von 1984 bis 1992 sein siebenbändiges Konvolut *Les Lieux de mémoire* veröffentlicht, in dem sich ein nationalgeschichtlich intendierter Blick zurück manifestiert. Im Anschluss erschienen viele entsprechende Publikationen in anderen Ländern – in Deutschland veröffentlichten Etienne François und Hagen Schulze 2001 in drei Bänden *Deutsche Erinnerungsorte*[35]. »Erinnerungsort« fassten sie thematisch zwar recht weit, so zählten François und Schulze auch den Schrebergarten und die Fußballbundesliga dazu. Ihre Kategorien seien hier, um das Intentionale ihres Projekts zu verdeutlichen, vollständig aufgeführt: Band 1: Reich, Dichter und Denker, Volk, Erbfeind, Zerrissenheit, Schuld; Band 2: Revolution, Freiheit, Disziplin, Leistung, Recht, Moderne; Band 3: Bildung, Gemüt, Glaube und Bekenntnis, Heimat, Romantik, Identitäten. Behandelt werden unter anderem

konkrete Orte wie Führerbunker und Reichstag, die Paulskirche und Karlsruhe, die Museumsinsel und der deutsche Wald, Neuschwanstein und die Loreley – aber indiziert sind kein Bonn, kein Schwippert-Bau, kein Behnisch-Parlament, kein »Langer Eugen« und kein Kanzlerbungalow. Die Bonner Jahre werden für die Zeit nach dem Zweiten Weltkrieg genauso ignoriert beziehungsweise marginalisiert wie die ehemalige Existenz eines sozialistischen Teils Deutschlands.

Die Geschichtsvermittlung vernachlässigt in vielen Konzepten der Erinnerungsorte als durchaus fragwürdige, nationale Identitätsschaffung eine wichtige Aufgabe: Mythen, Traditionen und andere geschichtliche Konstrukte einer kritischen Revision zu unterziehen. Anthropologische Geschichtskonzepte zielen deutlich auf das umfängliche Bewahren, nationale erweisen sich oft auch als Geschichte des bewussten Vergessens.

Wie Rem Koolhaas als Generalkommissar der Architektur-Biennale 2014 mit seinem ausgeprägten historisch-theoretischen Interesse agiert, bestätigt ihn als versierten Grenzgänger zwischen Theorie und Praxis, Geschichte und Architektur: Unter dem Motto *Absorbing Modernity 1914–2014* schlägt er einen zeitlich-geschichtlichen Bogen und überlässt es den traditionell untergebrachten Nationalbeiträgen, diesen Bogen in ihren Ausstellungen inszenatorisch »aufzulagern«. In seiner eigenen Ausstellung

---

33. Aleida Assmann: Erinnerungsräume. Formen und Wandlungen des kulturellen Gedächtnisses. München, 1999; Tilmann Robbe: Historische Forschung und Geschichtsvermittlung. Erinnerungsorte in der deutschsprachigen Geschichtswissenschaft. Göttingen, 2009.

34. Ebeling, a. a. O., Seite 126.

35. Étienne François und Hagen Schulze: Deutsche Erinnerungsorte. München, 2001–2005, 3 Bände; eine Übersicht der dort genannten Orte online unter: http://de.wikipedia.org/wiki/Deutsche_Erinnerungsorte, Stand: 07.04.2014.

VERGEGENWÄRTIGUNG. EIN BEGRIFF, DER ARCHITEKTURGESCHICHTE UND -ZUKUNFT SPEKULATIV ZUSAMMENFÜHRT

HERMANN SCHREIBER, Exkorrespondent des *Spiegel* »*Es hatte etwas Demonstratives. Er, Erhard, hat, sozusagen, für Deutschland gebaut.*«

Fundamentals befasst sich Koolhaas allerdings mit den Grundelementen der Architektur – Tür, Fenster, Boden et cetera – und bringt damit die anthropologische Geschichtskomponente ins Spiel.

RAUM UND ZEIT – UND EINE AKADEMISCHE MORÄNENLANDSCHAFT

Wie homogen Raum und Kulturgeschichte miteinander verschmolzen werden können, zeigt sich an einem Begriff wie Mittelmeerraum. Jedem Kind erschließt sich dieser Begriff, ein Konglomerat aus Ferienstimmung, Klima, Esskultur, Lateinunterricht, Vergangenheit. Dabei ist Mittelmeerraum eine Begriffskreation von Fernand Braudel, der 1949 in *La Méditerranée et le monde méditeranéen à l'epoque de Philippe II.* Geschichte in Meeresanalogien schrieb.[36]

Wo es nun um konkrete Orte geht, erstaunt es, mit welchem Unverständnis oder auch Desinteresse viele Historiker die Arbeit ihrer Kollegen aus anderen Disziplinen einschätzen. Beispielsweise von Architekturhistorikern, die architekturspezifische Forschungen lieferten und dabei andere Disziplinen sehr wohl einbezogen – wie Julius Posener mit seinen *Vorlesungen,* die *ARCH+* veröffentlichte, oder Wolfgang Pehnt mit seiner *Architektur seit 1900,* worin er auf die »Ambivalenz von Repräsentation und Privatsphäre«[37] des Kanzlerbungalows hinweist, Winfried

Nerdinger mit Publikationen und Ausstellungen zur Architekturgeschichte des 20. Jahrhunderts oder Werner Durth mit seinen Büchern *Deutsche Architekten: biographische Verflechtungen 1900–1970*[38] und *Baukultur* – den Kanzlerbungalow deuten die Autoren als »Zeichen lichter Moderne«[39]. Auch die Architektursemiotik, wie sie Christian Norberg-Schulz[40] durchdachte, darf als Beitrag zu einer Geschichtstheorie gewertet werden. Gerade wenn es darum geht, welchen Beitrag Architektur für das kulturelle Gedächtnis leistet – beispielsweise auch im Kontext der Hermeneutik –, lässt der Austausch der Geschichtsdisziplinen untereinander durchaus zu wünschen übrig. Dankbar ist man deswegen Wissenschaftlern wie Jörg Dünne und Stephan Günzel, der sich mit der Herausgabe von Grundlagentexten aus Philosophie und Kulturwissenschaft oder auch einem interdisziplinären Handbuch zum Thema Raum in eine beklagenswerte Lücke der Geschichts-, Kultur- und Architekturwissenschaft wagte.[41] Und wie erfrischend kann vor dieser akademischen Moränenlandschaft der diesjährige deutsche Beitrag zur Architektur-Biennale wirken!

IMPULSE – DER ERZÄHLTE ORT

Impulse für die Aktualisierung der Geschichtswissenschaft kamen und kommen auch von Grenzgängern – von

36. Fernand Braudel: Das Mittelmeer und die mediterrane Welt in der Epoche Philipps II. Paris, 1949; siehe dazu auch Ulrich Raulff: Der unsichtbare Augenblick. Zeitkonzepte in der Geschichte. Göttingen, 1999; und Ebeling, a. a. O., Seite 122.

37. Wolfgang Pehnt, Deutsche Architektur seit 1900. München, 2005, Seite 304.

38. Werner Durth: Deutsche Architekten: biographische Verflechtungen 1900–1970. Braunschweig, 1988.

39. Werner Durth und Paul Sigel: Baukultur. Spiegel gesellschaftlichen Wandels. Berlin, 2009, Seite 514.

40. Christian Norberg-Schulz: Logik der Baukunst. Gütersloh und München, 1968.

41. Jörg Dünne und Stefan Günzel (Hrsg.): Raumtheorie. Grundlagentexte aus Philosophie und Kulturwissenschaft. Frankfurt am Main, 2006; Günzel, a. a. O. (2010).

HERBERT WEHNER *»Früher wurden hier so kleine Gläschen ausgeschenkt, jetzt wird man angestrahlt. Das Haus verändert sich zu seinen Ungunsten.«*

Autoren wie Walter Benjamin, der Geschichte aus den Orten als »Topografie« erschloss und erzählte: erst seiner *Berliner Kindheit um Neunzehnhundert* (1950), dann seinen Kultur- und Lebensraum im *Passagenwerk.* Oder Gaston Bachelard, der in seiner *Poésie de l'espace* (1957) das Haus vom Keller bis zum Dachstuhl in allen Feinheiten auch des emotionalen Gedächtnisses beschrieb. Und damit – denkt man an Venedig 2014 – eine Art Steilvorlage für Koolhaas' Biennale-Ausstellung *Fundamentals* geliefert haben könnte.

Wie eingangs angedeutet, entsteht der Begriff Vergegenwärtigung aus einer Differenz zwischen Zeit und Raum, wobei man zu unterschiedlichen Zeiten im selben Raum, zur gleichen Zeit aber nur schwerlich, allenfalls mittels Medien aller Art, in unterschiedlichen Räumen präsent sein kann. Raum garantiert zeitliche Qualitäten wie Überdauerung und kann daher zum Bedeutungsspeicher werden. Zwar suggeriert die Überdauerung des Raums, dass eine konstant bleibende, weit gefasste Information den Betrachter beziehungsweise den Betreter des Raums erreicht – aber ob und wie sich einem Betrachter die gespeicherten Bedeutungen erschließen, hängt von unüberschaubar vielen Faktoren ab. Erlebt wird der Raum als Anschauungsobjekt erst einmal emotional. Man mag ihn, man fühlt sich wohl. Oder auch nicht. Und jeder Mensch reagiert ohnehin unterschiedlich auf einen Raum – belastet von Erwartungen und Kenntnissen oder unbehelligt von allem Bildungsgut. All das ist bekannt – doch wie

steht es um die Faktoren, die in die Fähigkeit des Raums hineinspielen, um alles Mögliche zu »vergegenwärtigen«?

AUSDEHNUNG DER QUELLENBASIS – ORTE DES ERZÄHLENS

Die »Ausdehnung der Quellenbasis über schriftliche Quellen hinaus«[42] für die Geschichtswissenschaften wird immer wieder gefordert. Anerkennen muss man, dass Historiker in der Historizität des gesamten Seins und Denkens den Raum als zugehörige Quellenkategorie inzwischen etablierten – ob man so weit wie Henri Lefèbre[43] gehen möchte, Geschichte als ein gesellschaftliches Produkt des Raums zu sehen, kann hier nicht weiter erörtert werden.[44]

Der weit gereiste, bereits erwähnte Historiker Schlögel hatte den ersten Teil des Titels seiner Schrift *Im Raum lesen wir die Zeit* bei einem Geografen entliehen – vielleicht auch, und das ist Spekulation, um einen Bogen um Museen als klassische Geschichtsspeicher zu machen.[45] Um Spuren und Schichten der Zeit auf allem Räumlichen zu erkennen und zu deuten, schlug Schlögel eine Art »Kartenlesen«[46], einen »archäologischen Schnitt« vor, wie er es nannte. Die Art, wie er in seinem Essays Raum und Zeit, Orte und Geschichte aus eigener Anschauung und mit reichem Wissen erzählerisch zusammenführt: Sie erklärt, warum er Herodot und Alexander von

42. Erwähnt werden soll hier auch der Historiker Jörn Rüsen, der mit einer Matrix die Komplexität der Geschichtswissenschaften zu sortieren suchte. Jordan, a. a. O., Seite 176; Annette Lehmann und Philip Ursprung (Hrsg.): Bild und Raum. Klassische Texte zu Spatial Turn und Bildwissenschaften. Bielefeld, 2010. 43. Henri Lefèbre: La production de l'espace. Paris, 1974.
44. Der Tradition der Bildwissenschaften im Sinne der Kunstgeschichte etwas zu erschließen, was in den Bereich der Naturwissenschaft hineinreicht,

ist in seiner Brisanz zuletzt bei Horst Bredekamps Beurteilung von Werken Galileo Galileis aufgetreten. Gefälschte Zeichnungen hatte er nicht als solche erkannt.
45. Karl Schlögel: Im Raum lesen wir die Zeit. Über Zivilisationsgeschichte und Geopolitik. München und Wien, 2003; Ebeling, a. a. O., Seite 126.
46. Schlögel, a. a. O., Seite 123.

LOKI SCHMIDT »*Ich finde, es ist ein schönes, zweckmäßiges Haus. Ich hab das gern. Allerdings gehört der Tag dazu. Mein Zuhause ist Hamburg. Aber sonst lässt sich's hier gut leben.*«

Humboldt Respekt zollt. Und die Zunft der Historiker damit regelrecht aufschreckte. Da wurde sie wieder sichtbar, dieLücke zwischen unterschiedlichen Disziplinen und gleichen Themen. Schlögel forderte ein, was Architekturhistorikern eine Pflicht ist: Sie müssen an Ort und Stelle gewesen sein. Wer den Kanzlerbungalow nicht gesehen hat, wer die winzige Teeküche von Loki Schmidt nicht mit eigenen Augen ermessen hat, beim Blick auf die tropfsteinhöhlenähnliche Lichtdecke von Herta-Maria Witzemann nicht schmunzelnd an Erich Honeckers politstrategisch abgerissenen »Lampenladen« in Berlin denkt; wen der braune Samtbezug der Couchgarnitur, auf dem Kohl die damals Mächtigen der Welt – oder wenigstens der Republik – in kleinem Kreis um sich geschart hatte, wer sich nicht an die Wohnstuben der Eltern, Nachbarn oder Freunde erinnert: Weiß der um den Einfluss des Bungalows auf die Weltläufte?

VERGEGENWÄRTIGUNG UND PRÄSENZ – MEDIEN UND EIN »SCHUSS MATERIALISMUS«

So sind auch die Spuren, welche »Turns« diverser Art – linguistic, iconic, spatial – in den Geschichtswissenschaften hinterlassen, unübersehbar. In die Gemengelage der Geschichtsquellen gesellen sich zudem unüberschaubare, undurchschaubare Informationsmengen in Text und Bild, die über das Internet in die Welt geschickt werden. Aber

über eine Onlinerecherche und Suchmaschinen im Internet werden Informationen bislang entweder als digitalisiertes, aber traditionelles Wissen erschlossen. Das ist beispielsweise bei klassischen Bildungseinrichtungen wie Bibliotheken und Archiven der Fall, die ihre Bestände digitalisieren oder mit Zufällen und Algorithmen arbeiten, was – bis auf Weiteres – ein unzuverlässiges Unterfangen ist. Konkret: Um die Fotografien des Architekturfotografen Heinrich Heidersberger kümmern sich beispielsweise Erben, einstige Auftraggeber, die Stadt Wolfsburg und engagierte Sponsoren. Sie sorgen dafür, dass seine Fotografien verschlagwortet im Internet gefunden werden können. Der Nachlass eines Architekturfotografen wie Gottfried Planck landet aber im Abseits und kann nur rudimentär über die seinerzeit aktuellen, analogen Publikationen erschlossen werden. Hier tritt die Schieflage der Internetinformationen krass zutage.

Nur rückblickend kann man überlegen, ob der Kanzlerbungalow kein mediales beziehungsweise medientaugliches Projekt gewesen ist – als solches aber auch nicht geplant war, sondern seine Bedeutung aus einer funktionalräumlichen Idee bezog. Heute besitzen etwa 95 Prozent der Haushalte in Deutschland ein Fernsehgerät – 1963, als der Kanzlerbungalow im Bau war, schauten rund zehn Prozent fern – auf »Bildmächtigkeit« war es Erhard und Ruf noch nicht angekommen. Die mediale Präsenz des Raums ist bei allen technischen Möglichkeiten, Dreidimensionalität darzustellen, auch heute noch auf die

HELMUT KOHL »*Der Bungalow war eigentlich ein absurdes Bauwerk im Sinne einer Wohnung des Bundeskanzlers. Der offizielle Teil war noch sehr viel besser, obwohl natürlich alles Glas war, was Sie sich vorstellen können, was ja auch jede Form der Behaglichkeit unmöglich macht. Der private Teil war völlig absurd. Er war sehr teuer, darüber beklag ich mich auch nicht, aber es war halt gar nichts.*«

zweidimensionale Bildfläche beschränkt – diverse Wirkungskräfte von Architektur sind Thema der *ARCH+*-Ausgabe, die anlässlich dieser Biennale erscheint.

Im Biennale-Projekt *Bungalow Germania* spielt das Bild als Assoziations- oder Erkenntnisfaktor eher eine Nebenrolle, denn der Charme des Beitrags liegt – durchaus im Sinne von Koolhaas – in der Kombination aus einer abstrakten Geschichtsebene und räumlich-materieller Präsenz, beides vereint in einem eigenwilligen, vielleicht auch ironisch lesbaren Vergegenwärtigungswerk. Es geht in dieser Präsenz um Geschichte *und* Raum. Oder um Raum *und* seine Interpretierbarkeit durch Geschichte. Auf jeden Fall um Gegenwart und ihre höllisch komplizierte Beziehung zu einer gebauten Umgebung, die sie nur partiell zu verantworten hat.

Im Sinne Hans Ulrich Gumbrechts ist die Präsenz eine Konkurrenz zum Sinn – und hat die Chance, die ideologisch beeinflusste Geschichtsschreibung immer wieder zu korrigieren.[47] Sie birgt aber auch das Risiko, dass ihr beigepflichtet wird. Präsenz ist kein zeitliches, sondern ein räumliches Verhältnis zur Welt und ihren Gegenständen, in denen Bruno Latour sogar »Akteure« ausgemacht hat.[48] Präsenz ist die Voraussetzung für Atmosphäre und Aura. Und kann im Vertrauen auf Intuition und Evidenz, durch vergegenwärtigende Inszenierungen jeglicher Art, durch Ironie und Kontraste, aber wohl immer mit einer intelligenten Verfremdung erreicht werden. Genau das ist provokant und riskant, weil der Entwurf eines

Vergegenwärtigungsszenarios als Zeitschicht nie auf Eindeutigkeit ausgelegt sein kann.

Glücklich ist, wer vergisst, was nicht mehr zu ändern ist. Solches Glück mag für ein individuelles Gedächtnis eine beruhigende Option sein. Für ein kollektives, kulturelles Gedächtnis ist das Vergessen eine Katastrophe. Die wachsende Wertschätzung dessen, was in der Nachkriegsmoderne geleistet wurde, könnte mit der Architektur-Biennale 2014 als einer Herkulesarbeit in Sachen Vergegenwärtigung weiteren Auftrieb bekommen. Frei nach Schlögel: Ein »kräftiger Schuss Materialismus kommt in die so lange um Virtuelles und Simulacra kreisenden Diskurse«[49]– und befeuert sie.

47. Hans Ulrich Gumbrecht: Diesseits der Hermeneutik. Die Produktion von Präsenz. Frankfurt am Main, 2004, Seite 11.

48. Bruno Latour: Eine neue Soziologie für eine neue Gesellschaft. Einführung in die Akteur-Netzwerk-Theorie. Frankfurt am Main, 2007

49. Schlögel, a. a. O., Seite 12f.

ZEICHEN DER ZEIT
DER BONNER KANZLERBUNGALOW UND
DAS BUNDESVIERTEL IM KONTEXT
VON ALLTÄGLICHKEIT

Christian Holl

Der Kanzlerbungalow von Sep Ruf wird meist als eine Architektur rezipiert, die sich von anderer durch ihre außerordentliche Qualität unterscheidet und darin auch innerhalb des Bundesviertels eine herausragende Position einnimmt. Aber gerade dadurch werden besondere Qualitäten außer Acht gelassen, die es erlauben können, nicht nur die Architektur des Kanzlerbungalows, sondern auch die einer Epoche und ihrer Leistungen zu würdigen.

In einer Liebeserklärung an die deutsche Sprache schreibt der Sänger und Kabarettist Georg Ringsgwandl: »Egal, ob man Musil und Kafka, Heinz Erhardt und Tucholsky oder alle viere verehrt, diese Meister sind nun mal nicht zu haben ohne die ungeheure Menge von Kitsch und trivialem Geschreibsel außen herum. Bei der sprachlichen Produktion ist es wie in einer Autofabrik, es gibt gute Ware und Ausschuss. Ohne Ausschuss keine Qualität. Und dann ist ja noch die Frage, was bitte ist denn 1A und was ist Ausschuss?«[1]

Auch die Auseinandersetzung mit Architektur lässt sich nicht auf herausragende Beispiele und die prominenten Protagonisten reduzieren, die die Wahrnehmung von ihr dominieren. »Was bitte ist denn 1A und was ist Ausschuss?« zu fragen, ist in einer solchen Auseinandersetzung nicht ohne Brisanz. Diese Frage zu beantworten heißt, Aussagen über das Selbstverständnis einer Gesellschaft zu treffen, darüber, wie sie ihr Zusammenleben organisieren und welchen Menschen sie welche Chancen einräumen will. Denn Architektur »ordnet den Alltag, sie lenkt Materialflüsse und Kommunikationsprozesse, sie bestimmt über die Verteilung und Wahrnehmbarkeit von Körpern, Dingen und Praktiken«[2]. Architektur ist keine autonome Entscheidung, weder von ihren Architekten noch von ihren Bauherren. Sie ist eingebunden in gesellschaftliche Leitbilder, ist ein Teil von kollektiven Vorstellungen von einem guten Leben, sie ist verwoben mit politischen Prozessen und sozialen Mechanismen.

1. Georg Ringsgwandl: Angriff der Sprachretter. In: Süddeutsche Zeitung vom 17.05.2010. Online unter: http://www.sueddeutsche.de/kultur/kampf-gegen-anglizismen-angriff-der-sprachretter-1.358680-2, Stand: 27.03.2014.

2. Susanne Hauser, Christa Kamleithner und Roland Meyer: Das Wissen der Architektur. In: dieselben (Hrsg.): Architekturwissen. Grundlagentexte aus den Kulturwissenschaften. Bielefeld, 2011, Band 1: Zur Ästhetik des sozialen Raums, Seite 9.

Jenseits von den herausragenden und als außergewöhnlich anerkannten Beispielen finden architektonische Leitbilder ihren Niederschlag in der Alltagsarchitektur. Abseits von Würdigungen durch die Architektenschaft und der Praxis des Denkmalschutzes ist die Architektur des Alltäglichen ein Spiegel ihrer Zeit – mit einer eigenen Qualität. Aber auch die kann nicht unabhängig von großen Vorbildern, von Meinungsführern und hochprämierten Gebäuden verstanden werden. Dies anzuerkennen und in den Blick zu nehmen, lenkt die Aufmerksamkeit auf die Architektur. Das kann Chancen eröffnen – insbesondere heute, da wir aufgerufen sind, einem fantasievollen Umgang mit dem Bestehenden den Vorzug vor dem Neubau zu geben. Das bedeutet nicht nur, sich intensiver mit der Alltagsarchitektur auseinanderzusetzen, das bedeutet auch, die herausragenden Beispiele daraufhin zu untersuchen, wie sie mit dem in Zusammenhang stehen, was zur selben Zeit, weniger beachtet und weniger hochwertig, errichtet wurde. Anhand des Kanzlerbungalows und des Bonner Bundesviertels lässt sich veranschaulichen, wie das zu verstehen sein kann. Denn die Verknüpfung mit dem Alltäglichen war gerade hier eine, die einerseits bewusst gesucht, andererseits durch die spezifischen Zeitumstände verstärkt wurde.

POLITISIERUNG DES ALLTAGS

Schon bevor Ludwig Erhard 1964 den Kanzlerbungalow bezog, hatte dieser ein bemerkenswertes Medienspektakel hervorgerufen.[3] Um die negative Berichterstattung nicht weiter zu nähren, aber wohl auch aus Zorn über sie, hatte Erhard die Presse vom Richtfest ausgeschlossen. Kritisiert worden waren die Kosten, die Bescheidenheit (»Maßhaltebunker«), aber ebenso die »avantgardistische Ästhetik«[4] (siehe den Beitrag von Wolfgang Bachmann ab Seite 15). Der Kanzlerbungalow spielte zwar »auf dem langen Weg zu einer allmählichen Akzeptanz moderner Wohnformen in Deutschland eine nicht zu unterschätzende Rolle«[5] – Avantgarde für Wohnarchitektur war dieser Bungalow 1964 jedoch nicht mehr, sondern ein etabliertes Modell,

das bereits vor dem Höhepunkt stand und kaum eine Akzeptanz fördernde Wirkung hätte erzielen können, wenn es nicht auf ein breites Einverständnis gestoßen wäre. Auch wenn der Kanzlerbungalow auf Widerstand traf und kritisiert wurde, so war er dennoch ein herausragendes Beispiel für eine der Optionen, die der Wohnungsmarkt zur Verfügung stellte. Davon zeugen Wohngebiete in vielen deutschen Städten, in denen der Bungalow als eine Form des eingeschossigen Wohnens, meist mit Flachdach (selbst wenn dies streng genommen kein Kriterium für den Bungalow ist), nicht selten als Gartenhofhaus zu verdichteter Bauweise geordnet, oft zu finden war. In Referenz an US-amerikanische Vorbilder drückten Bungalows das eingelöste Versprechen des Wohlstands aus, nicht nur in der Form des Hauses, sondern auch in seinen technischen Errungenschaften: Große Scheiben stellten einen neuartigen, von der Witterung unabhängigen Außenbezug her, ein an das Automobil gekoppelter Lebensstil der weiten Wege, Hausmaschinen und ein offenes, großzügiges Wohnen mit fließenden Raumfolgen versprachen insbesondere den Frauen die Befreiung von bürgerlichen Normvorstellungen – dies alles war bereits in der Architektur der 1920er-Jahre entwickelt worden.[6] Und spielt auf dem Wohnungsmarkt, auch bei allem, was unter »Loft« angeboten wird, nach wie vor eine große Rolle.

Gewiss, gemessen an den Vorbildern, den Bauten Richard Neutras oder den Case Study Houses, waren alltägliche Bungalows nur der Abglanz eines Wohnens in der freien Landschaft, gar der Prärie; aber mit ihnen wurde der Anschluss an die Möglichkeiten des modernen Lebens vollzogen. Der Bungalow stand für das Ende der Vorstellungen von konservativen Wohnidealen, die als heile, abgekapselte Fluchtwelt, als »Glück im Winkel« die private Welt überforderte.[7] In einer Art Vollzug dieser Entwicklungen sollte 15 Jahre nach der Einweihung des Kanzlerbungalows Martin Warnke das Ende der Couchecke als »Symbol des Rückzugs der bürgerlichen Kleinfamilie auf sich selbst«[8] verkünden. Nur vor diesem Hintergrund lässt sich beispielsweise auch der als »Kanzlerbadewanne« belächelte Swimmingpool verstehen (er maß gerade einmal drei mal sechs Meter), der die meiste Zeit des Jahres kaum

3. Irene Meissner: Sep Ruf 1908–1982. Leben und Werk. Berlin, 2013, Seite 270.

4. Georg Adlbert: Der Kanzlerbungalow. Erhaltung, Instandsetzung, Neunutzung. Hrsg. von der Wüstenrot Stiftung. Stuttgart und Zürich, 2009, Seite 22.

5. Winfried Nerdinger: Sep Ruf – Moderne mit Tradition. In: derselbe, in Zusammenarbeit mit Irene Meissner (Hrsg.): Sep Ruf. München, 2008, Seite 24.

6. Andreas K. Vetter: Die Befreiung des Wohnens. Ein Architekturphänomen der 20er und 30er Jahre. Tübingen, 2000.

7. Hans Paul Bahrdt: Die moderne Großstadt. Soziologische Überlegungen zum Städtebau. Opladen, 1998 (1. Auflage 1961, erweitert 1969), Seite 140.

8. Zitiert nach: Michael Andritzky: Balance zwischen Heim und Welt. Wohnweisen und Lebensstile von 1945 bis heute. In: Ingeborg Flagge (Hrsg.): Geschichte des Wohnens. Stuttgart, 1999, Band 5: 1945 bis heute. Aufbau, Neubau, Umbau, Seite 637f.

9. Joaquín Medina Warmburg: Transatlantischer Bungalow. In: Axel Menges (Hrsg.): Sep Ruf. Kanzlerbungalow, Bonn. Stuttgart und London, 2009, Seite 20.

benutzt werden konnte: als Bezug auf südkalifornische Vorbilder, wie sie in der Münchner Zeitschrift *Bauen + Wohnen* veröffentlicht worden waren. Die Verbindungen sind offensichtlich. Dieselbe Zeitschrift hatte auch die Häuser von Ruf und Erhard am Tegernsee präsentiert, die Ruf entworfen hatte und die bereits 1956 fertiggestellt worden waren.

Dass die Architektur des »Wohn- und Empfangsgebäudes des Bundeskanzlers«, so die offizielle Bezeichnung, sich explizit auf Wohnarchitektur bezog, entsprach gängiger Rhetorik. Das verführerische Bild des modernen amerikanischen Lebens, so Joaquín Medina Warmburg, sei kein unpolitisches Bild gewesen: »Die Privatsphäre wurde die Sphäre, in der sich der bürgerliche Mikro- und der politische Makrokosmos berührten. Denn die neue Lebensweise erhob den Anspruch auf Gültigkeit in der gesamten westlichen Welt, somit auch in der Bundesrepublik.«[9] Medina Warmburg verweist in diesem Zusammenhang auf die Ausstellung *Wir bauen ein besseres Leben* von 1952, die in Berlin und Stuttgart zu sehen war. Und 1959 hatte Richard Nixon, seinerzeit Vizepräsident der USA und Präsidentschaftskandidat, im Rahmen einer Ausstellung mit einem »aufgeschnittenen« amerikanischen Musterhaus die suburbane Wohnkultur Amerikas zum Inbegriff westlicher Freiheit erhoben.[10] Die Architektur des Alltäglichen wurde bewusst mit der Sphäre des Politischen verschränkt.

STABILISIERUNG DES ALLTAGS DURCH ALLTÄGLICHKEIT

Unter der Architektur des Alltäglichen wird hier in erster Linie eine verstanden, die auf Rezeptwissen beruht. Solches Rezeptwissen anzuwenden ist sinnvoll, weil es auf Aufgaben angewendet wird, die regelmäßig, wiederkehrend und in großer Zahl auftreten. In solchem Wissen sind Regeln gespeichert, die nicht hinterfragt werden müssen, weil sie sich bereits in der Bewältigung von Problemen ähnlicher Art bewährt haben.[11] In der Architektur der Nachkriegszeit war es wichtig, solche Routinen gezielt zu etablieren, um Probleme der Wohnungsnot und die Folgen der Kriegszerstörung überhaupt erst handhabbar

zu machen. Insofern gilt hier im Besonderen, was Hans Paul Bahrdt für das Alltägliche im Allgemeinen konstatiert: »Das alltägliche Leben von jedermann in Familie, Beruf, Nachbarschaft, Freundeskreis usw. ist selbstverständlich nicht eine vollkommen eigenständige Sphäre, sondern bis in viele Details mit den Verhältnissen de Gesamtgesellschaft, d. h. mit den Großstrukturen verflochten.«[12]

Alltäglichkeit ist eine komplexe, nicht restlos bestimmbare Kategorie, die sich nicht auf widerspruchsfreie Begriffe, auf widerspruchsfreie Praktiken reduzieren lässt. Tatsächlich erfüllt Alltagswissen auch den Zweck, einen Umgang mit den widersprüchlichen Anforderungen und Erwartungen zu finden, mit denen Individuen wie Kollektive konfrontiert sind. Alltäglich sind nicht nur die nicht oder nicht mehr reflektierten Routinen, mit denen man bestimmten Herausforderungen begegnet. Auch das, was dabei hervorgebracht wird, ist im Ergebnis etwas, von dem oft nicht gesagt werden kann, auf welchen Prämissen es beruht: »Nie kann die Funktion oder die zu schaffende ›Atmosphäre‹ die Materialien, die technische Ausführung determinieren, wie etwas letztendlich gestaltet wird. Die Antwort auf die Frage nach dem ›Warum‹ weiß der Architekt meist selbst nicht.«[13]

Die Stabilität, die durch die Routinen des Alltäglichen erreicht wird, ist immer eine vorläufige: Das Alltägliche muss sich stets aufs Neue bewähren. Die Lebenswelt, über die Hans Blumenberg schreibt (und sich dabei ebenso wie Bahrdt auf Edmund Husserl bezieht), ist in vielen Aspekten als Synonym zum Alltäglichen interpretierbar. Von ihr heißt es: »Auch die ›Lebenswelt‹ muss beschrieben werden als der Inbegriff von Erfolgen der Stabilisierung des Lebens in der Realität und unter ihren Bedingungen, die im Maße ihrer immanenten Konsolidierung ständig das Risiko vergrößern, ›widerlegt‹ zu werden.«[14] Mit anderen Worten: Das Alltägliche ist umso mehr davon bedroht, nicht mehr geeignet für die Herausforderungen zu sein, mit denen es den Umgang erleichtert, je besser es sich etabliert hat. Weil seine Qualität darin besteht, zu entlasten, indem Situationen, die ähnlich sind, als gleiche behandelt werden, sind Routinen blind dafür, zu erkennen, wann sie für das, worauf sie angewandt werden, nicht mehr geeignet sind.

10. Ebenda.

11. »Alltäglich sind Situationen, die sich oft in so ähnlicher Form wiederholen, dass wir uns schon aus kräfteökonomischen Gründen nicht mit ihrer Einmaligkeit (die sie in einem Teil ihrer Gegebenheiten natürlich trotzdem besitzt) befassen.« Hans Paul Bahrdt: Grundformen sozialer Situationen. Eine kleine Grammatik des Alltagslebens. Hrsg. von Ulf Herlyn. München, 1996, Seite 145.

12. Ebenda, Seite 150.

13. Stefan Meissner: Kann Architektur leben? Die »Architektur der Gesellschaft« aus Sicht der Diskursanalyse Michel Foucaults. In: Joachim Fischer und Heike Delitzsch (Hrsg.): Die Architektur der Gesellschaft. Bielefeld, 2009, Seite 246.

14. Hans Blumenberg: Theorie der Lebenswelt. Frankfurt am Main, 2010, Seite 15.

DAS DOPPELGESICHT DER ALLTÄGLICHKEIT

Es ist daher nicht absurd, die alltägliche Praxis mit Alltäglichem auf ihre Tauglichkeit hin zu befragen. Das Alltägliche und sein Umgang mit ihm ist gerade in Bezug auf die Architektur doppeldeutig: Alltäglich ist das, was uns als Massengeschmack und Ubiquität entgegentritt, das, was den Lebensablauf in routinierten und ritualisierten Abläufen bestimmt. Alltäglich sind aber auch die Gegenstände, Materialien und Sedimente des Alltäglichen. In ihnen können Antworten auf das gefunden werden, was im Alltag des Massenkonsums, der Industrialisierung und des Kitsches Verlässlichkeit, Identität und Qualität jenseits modischer Willkür bieten kann – gerade weil es sich über eine lange Zeit bewährt und als Rezeptwissen eine Antwort auf wiederkehrende Herausforderungen gibt. So war in der Architektur des 20. Jahrhunderts der Begriff des Alltags auch mit den Bemühungen verbunden, durch Umdeutungen und Neukompositionen alltäglichen Gegenständen Potenziale zu entlocken, die zu sehen man in der Routine verlernt hatte.[15] In regionalen Bauformen, in einer »Architektur ohne Architekten«[16] oder im Konzept eines »kritischen Regionalismus«[17] wurde mit dem Rekurs auf das Alltägliche nach Wegen gesucht, das Verhältnis von Individuum und Gemeinschaft jenseits von konsum- und ökonomieorientierten Systemen zu bestimmen. Die Sehnsucht, die sich darin äußert, ist aber eine, die genauso in dem aufscheint, was abgelehnt wird: die einer verlässlichen, einer Sicherheit gebenden Ordnung. Den einen bietet sie Hilfe, mit den Zumutungen des Lebens zurechtzukommen, die man nicht beeinflussen kann, die man selten versteht, während sie anderen im Hinblick auf architektonische Entscheidungen eine Objektivierung verspricht, eine Orientierung und Legitimation angesichts der Fülle von Entscheidungen, die im Laufe des Entwurfsprozesses zu treffen sind und die immer auch anders getroffen werden könnten.

Mit einer anderen Seite der widersprüchlichen Natur des schillernden Begriffs des Alltags ist man in der Denkmalpflege konfrontiert: So ist die deutsche Denkmalpflege eigentlich nicht hierarchisiert und klassifiziert. Doch in der Praxis, in ihrem Alltag gewissermaßen, der eben nicht ausschließlich von den Kriterien der eigenen Zunft geprägt wird, sondern durch öffentliche und politische Aufmerksamkeit und damit verbundener Wertschätzung ebenso wie mit finanziellen Zuwendungen, ist genau eine solche Hierarchie auszumachen.[18]

Es ist also gerade der Alltag im Umgang mit der Architektur, insbesondere der des Bestands, der ihre alltäglichen Zeugnisse unsichtbar werden oder bleiben lässt. Dies ist der Charakteristik des Alltäglichen inhärent: Es zielt ja gerade darauf ab, von Reflexion, von bewusster oder intensiver Wahrnehmung zu entlasten, um sich dem widmen zu können, was besonders ist oder überraschend sein könnte. In Bezug auf die Nachkriegsarchitektur wird die Wahrnehmung ihrer Qualitäten also auch dadurch behindert, dass das Kriterium der Seltenheit hier nicht greift: Gerade weil die für diese Zeit typische Architektur im Überfluss vorhanden ist, scheint sie keiner besonderen Aufmerksamkeit würdig zu sein, manchmal nicht einmal dann, wenn es nicht die außergewöhnliche Qualität rechtfertigt. Das allerdings verstellt den Blick auf das, was Architektur als Medium der Vergegenwärtigung jenseits des besonders prägnanten geschichtlichen Zeugnisses leistet und leisten kann. Denn gerade wenn man Architektur nur dann besonders wertschätzt, wenn sie herausragende gestalterische Qualitäten aufweist, lässt man außer Acht, dass sich Architektur nie auf ihr Architektonisches beschränken lässt.

MEHRFACHE VERBINDUNG

Normalität und Alltag spielen in solcher Doppeldeutigkeit in mehrfacher Hinsicht beim Kanzlerbungalow eine Rolle: Der Bungalow war einerseits eine zeitgemäße moderne elegante Wohnarchitektur, die lediglich als solche hätte dienen können. Der Kanzlerbungalow stellt andererseits in seinem strengen geometrischen Konzept (zwei Quadrate bilden den Grundriss) eine Verbindung zu der Konzeption moderner Architektur her, die aus geometrischen Grundformen eine Sprache entwickelt hatte, die, anders als der

15. Siehe hierzu beispielsweise: Claude Lichtenstein und Thomas Schregenberger: As found. Die Entdeckung des Gewöhnlichen. Zürich, 2001. Über die Ausstellung Parallel of Life and Art, die die Independent Group, zu der auch die Architekten Peter und Alison Smithson gehörten, 1953 organisierten, heißt es: »Das Konzept der Ausstellung war es, Bildmaterial zu zeigen, das aus dem gewöhnlichen Leben kommen sollte, aus der Natur, der Industrie, dem Bauen und der Kunst: Bildmaterial, das jedem zugänglich ist, das man kennt, das aber oft ›hinter die Fläche der bewussten Wahrnehmung zurückgesunken ist.‹« Ebenda, Seite 30.

16. Bernhard Rudofsky: Architecture without Architects. A Short Introduction to Non-Pedigreed Architecture. New York, 1965 (dt. Architektur ohne Architekten. Eine Einführung in die anonyme Architektur. München, 1989).

17. Kenneth Frampton: Kritischer Regionalismus – Thesen zu einer Architektur des Widerstands. In: Andreas Huyssen (Hrsg.): Postmoderne. Zeichen eines kulturellen Wandels. Hamburg, 1986, Seite 151ff.

18. »Die aktuelle Realität und auch die öffentliche Wahrnehmung zeichnen hingegen ein gegenteiliges Bild mit Welterbe, europäischem Kulturerbe, nationalbedeutsamen Denkmalen und dem verbleibenden großen Rest regional oder lokal bedeutender Denkmale in einer klaren hierarchischen

Historismus, mit einer an platonischen Vorstellungen entwickelten Formensprache den Bezug zur Alltagswirklichkeit des industriellen Zeitalters knüpfte.[19] Der Kanzlerbungalow grenzt sich vom Alltäglichen ab – durch seine herausragende Architektur, seine Platzierung im Park, die ihn der Sichtbarkeit entzieht, seine besondere technische Ausstattung – und ist mit Alltäglichem sinnbildlich verknüpft.

Allerdings erschöpft sich darüber hinaus sein Bezug zum Alltäglichen nicht darin, dass sich ähnliche Elemente in anderen, wenn auch deutlich weniger hochwertigen Wohngebäuden finden lassen. Über seine Rolle als politische Repräsentanz entspann sich ein eigener Diskurs jenseits der erwähnten Rhetorik, mit der der Wohnalltag politisch aufgeladen worden war. Die Auseinandersetzung über den Kanzlerbungalow, insbesondere, nachdem Kurt Georg Kiesinger Erhard als Bundeskanzler abgelöst hatte, verdeutlicht, dass hier nicht in erster Linie ein Beitrag der Wohnarchitektur zur Debatte stand.[20] Dass Erhard mit Ruf einen Architekten wählte, der bereits zuvor bei Bauten mit repräsentativer Funktion »durch eine spezifische Materialität und gezielte Transparenz eine deutliche Abgrenzung zur vorangegangenen deutschen Geschichte«[21] zum Ausdruck gebracht hatte, war eine unmissverständliche politische Aussage. Zusammen mit Egon Eiermann hatte Ruf auf der Expo 1958 in Brüssel den deutschen Pavillon errichtet, »Höhepunkt der Inszenierung von Transparenz als Ausdruck einer neuen demokratischen Haltung in Deutschland«[22]. Der Kanzlerbungalow weicht aber auch davon ab, die politische Residenz in der tradierten Form zu interpretieren, und distanziert sich so von »der damit verbundenen Pflege eines förmlichen Zeremoniells«[23]. Diese Architektur stellte das eingeübte Verständnis politischer Repräsentanz mit einer Architektur infrage, die in einem Kontext von Normalität – dem Wohnen – verortet werden konnte. Das politische Establishment schien damit überfordert zu sein. In der Auseinandersetzung um den Kanzlerbungalow echauffierte sich Konrad Adenauer 1967: »Ich weiß nicht, welcher Architekt den Bungalow gebaut hat, aber der verdient zehn Jahre.«[24] Es mag sein, dass sich hier ein Angriff nicht allein gegen die Architektur, sondern auch gegen die Person richtete. Adenauer schätzte Erhard nicht besonders.

Erhard selbst hatte ja gesagt, man lerne ihn besser kennen, »wenn Sie dieses Haus ansehen, als etwa wenn Sie mich eine politische Rede halten sehen«[25].

PROVISORIUM BONN

Diese schroffe Ablehnung erstaunt dennoch umso mehr, als der Bungalow nicht der einzige Bau des Regierungsviertels war, der konventionelle Erwartungen an politische Architektur unterlief. Der provisorische Charakter der Bundeshauptstadt[26] und die überraschende Entscheidung für das vergleichsweise kleine Bonn hatten dazu geführt, dass für politische Aufgaben Häuser genutzt wurden, die vorher anderen Funktionen gedient hatten. Vor, aber insbesondere nach dem Kanzlerbungalow wurden Gebäude für Regierung und Parlament errichtet, denen man ihre politische Funktion nicht ansah. Das mochte so lange in Ordnung gewesen sein, als man damit rang, eine geeignete Sprache zu finden, die für die Architektur politischer Institutionen geeignet schien. Umnutzungen können demnach auch als eine Form des Pragmatismus und der demonstrativen Bescheidenheit, ja der Camouflage gedeutet werden, da sich repräsentative Formen, wie man sie kannte und gewohnt war, mit dem Blick auf die jüngste Geschichte verboten. Die Normalität, die sich im ehemaligen Regierungsviertel findet, ist also auch deswegen eine, weil man sich das Besondere nicht gönnte – möglicherweise hatte gerade deswegen Erhard, der es eben doch tat, provoziert. Doch diese Strategie des Pragmatismus, der in den ersten Jahren der jungen Republik zweckdienlich gewesen sein mochte, wurde mit zunehmender Stabilisierung der politischen Verhältnisse als unangemessen empfunden. Erschwert wurde, außer durch Kompetenzgerangel[27], eine zielführende Auseinandersetzung darüber, was dann angemessen sei, dadurch, dass lange der politische Wille fehlte, Bonn als Hauptstadt anzuerkennen: Der städtebauliche Wettbewerb, der 1971 entschieden worden war, sei, so Ingeborg Flagge, nicht zuletzt daran gescheitert.[28]

Die Unzufriedenheit mit der Mischung aus Pragmatismus, Understatement, Verzicht auf traditionelle

Ordnung.« Ingrid Scheurmann: Unsere Besten – Denkmalpflege und Klassifizierung. Online unter: http://denkmaldebatten.de/kontroversen/klassifizierung/, Stand: 27.03.2014.

19. Reyner Banham: Die Revolution der Architektur. Theorie und Gestaltung im Ersten Maschinenzeitalter. Hamburg, 1964. Er zeigt, dass die einfachen, grundlegenden geometrischen Formen nicht aus funktionalistischen Überlegungen entwickelt worden waren. Banham zitiert Walter Gropius, der sie »typische, die Welt versinnbildlichende Formen« genannt hatte. a. a. O., Seite 245.

20. Meissner, a. a. O. (2013), Seite 280.

21. Nerdinger, a. a. O., Seite 24.

22. Ebenda.

23. Ebenda, Seite 122.

24. Meissner, a. a. O. (2013), Seite 280.

25. Adlbert, a. a. O., Seite 22f.

26. »Zwanzig Jahre war eine Bundeshauptstadt ausdrücklich unerwünscht.« Ingeborg Flagge: Architektur in Bonn nach 1945. Bonn, 1984, Seite 29.

27. Ebenda, Seite 29.

28. Ebenda, Seite 35.

Würdeformeln, mittelmäßiger Architektur und Zufällig-keiten, mit einem Gebiet, das also auch ein Spiegelbild alltäglicher Planungspraxis war, wuchs: »Gegen Ende der siebziger, zu Beginn der achtziger hatte sich ein Unbehagen am Ambiente des rheinischen Regierungsdorfes […] breit-gemacht, dem niemand ernstlich widersprechen wollte.«[29] Heinrich Klotz hatte die Bauten im Bundesviertel als »Rechnungshofarchitektur« verspottet[30], auch Heinrich Wefing stellte dem gesamten Regierungsviertel ein vernichtendes Zeugnis aus: »Die Bauten changierten zwischen nobler Zurückhaltung und purem Unvermögen«, Genügsamkeit sei mit Einfallslosigkeit verwechselt worden. Und weiter: Das Regierungsviertel »war nie etwas anderes gewesen als eine Kreuzung aus Fußgängerzone, Bundes-gartenschau und Kunstmuseum, halb Wohnviertel, halb Administrationsrevier, im Laufe der Jahre zugestellt von allen Spielarten einer Baukunst, die der verwalteten Welt eine repräsentative Gestalt zu geben sucht, ohne protzig zu werden«[31]. Etwas weniger polemisch spricht Andreas Schätzke von einer »Repräsentation im Verborgenen«, einem »Konglomerat aus wenigen Beispielen gelungener Architektur und einer Vielzahl von Allerweltsbauten«[32].

VON SCHÄFERIDYLL BIS ABSTANDSGRÜN

Neben der Kritik am Verzicht auf Würdeformeln und an der meist fehlenden architektonischen Qualität ist aber auch ein anderer Aspekt bemerkenswert. Das ver-meintlich beziehungslose Nebeneinander, ein »Siedlungsbrei«, aus dem die »wenigen besseren Bauten« herausragten[33], ist eine Kritik im Stil, mit der die Archi-tektur der Nachkriegszeit generell gerne noch heute entwertet wird. Über sie schreibt beispielsweise Vittorio Magnago Lampugnani: »An den Städten wuchsen un-kontrolliert monofunktionale Schlafstädte, während sich die Glaskästen der Banken und Versicherungen durch die vom Krieg verschont gebliebene historische Bausub-stanz fraß.«[34] Die Vorortsiedlungen »waren bestenfalls grüne Ghettos, die wie unwirtliche Schmarotzer an den urbanen Ballungsräumen hingen«.[35]

Der Bungalow ist eingebettet in ein Umfeld, dessen städtebauliche Formation der aufgelockerten Bebauung für die Nachkriegszeit typisch war, er ist eingestellt in eine parkartige Landschaft aus Freiräumen mit Rasen und abgestuftem Gehölz. Das Besondere an Bonn und dem Bundesviertel ist freilich, dass sich hier gleichzeitig die Herkunft dieses Bebauungstyps wie seine Veränderung ablesen lässt, die von aristokratischen Formen bis zu der einfachen Bebauung reicht, deren Herkunft kaum mehr erkennbar ist.

Den Nachweis, dass diese Bebauung eine ist, deren Entwicklung mit der Landschaftsmalerei des 17. Jahrhunderts beginnt, über den Landschaftsgarten bis zum Reimport in die Stadt führt, der bereits im 19. Jahrhundert begann, hat Gerhard Hard geführt. An den Anlagen des Palais Schaumburg sind diese Verbindungen überaus deutlich ablesbar. Sie lassen noch erkennen, was ihm zugrunde lag: »Ein Wunsch- und Traumbild: Arkadien, das utopische Schäferland und seine Weidegründe, ein Land, in dem Liebe, Freiheit, Muße, Poesie und Intimität herrschten.«[36] Hier wurde ein Inventarstück der Agrarlandschaft ästhe-tisiert, ein heute kaum mehr in ihr zu findender Typ eines Weiderasens, dessen gestufte Gehölze durch Verbiss von Weidevieh entstanden waren. Durch ihre Ästhetisierung als Pastorale erhalte dieses Inventarstück eine Aura: »Sie verleiht den Dingen einen ›höheren‹, aus verehrten, wenn auch vielleicht vergessenen Traditionen gespeisten Sinn und entzieht sie zumindest tendenziell allen bloß zweck-haften, z. B. direkt alltagspraktischen Zugriffen und Bedürfnisbefriedigungen.«[37] In der Stadtkritik des 19. und 20. Jahrhunderts sind diese Formen der ästhetisierten Agrarlandschaft, die bislang nur wenigen Privilegierten vorbehalten gewesen waren, auch der Allgemeinheit in Volksparks und Freianlagen zugänglich gemacht worden, motiviert durch eine Kritik an der Stadt, die deren Bewohner mit allerhand Gefahren für Leib und Seele konfrontiert sah. Ihnen setze man mit den Grünanlagen das Heilmittel »Natur« entgegen: in einer besonders konzen-trierten, künstlerisch veredelten und deshalb (vermeintlich) auch besonders wirksamen Form. »Noch durch die Grünarrangements der heutigen Grünflächenämter und

29. Heinrich Wefing: Kulisse der Macht. Das Berliner Kanzleramt. Stuttgart und München, 2001, Seite 23.

30. Ebenda, Seite 25.

31. Ebenda, Seite 24f.

32. Andreas Schätzke: Repräsentation im Verborgenen. In: Menges, a. a. O., Seite 6.

33. Wefing, a. a. O., Seite 25.

34. Vittorio Magnago Lampugnani: Die Stadt im 20. Jahrhundert. Berlin, 2010, Band 2: Visionen, Entwürfe, Gebautes, Seite 718.

35. Ebenda.

36. Gerhard Hard: Städtische Rasen, hermeneutisch betrachtet. Ein Kapitel aus der Geschichte der Verleugnung der Stadt durch die Städter. In: Bruno Backé und Martin Seger (Hrsg.): Festschrift zum 60. Geburtstag von o. Universitätsprofessor Dr. Elisabeth Lichtenberger, Klagenfurt, 1985, Klagenfurter Geographische Schriften, Band 6, Seite 33.

37. Ebenda, Seite 34.

anderer Stadtgärtner spukt die originale Kontextbedeutung all dieser Rasen: Die unsterbliche Pastorale.«[38] Zu den Gefahren, die die Großstadtkritik vor dem Zweiten Weltkrieg ausgemacht hatte, war nun, nach 1945, noch ein weiteres traumatisierendes Element hinzugekommen: das Erlebnis, in engen Straßen bei Bombenangriffen einer lebensbedrohenden Gefahr ausgesetzt zu sein. Dass wir heute diese Zusammenhänge nicht mehr lesen, zeigt, wie das im Alltag sedimentierte Rezeptwissen den Kontakt zu dem verlieren kann, woraus es sich entwickelt hatte. Dass der gepflegte Rasen bis zum Abstandsgrün des Sozialwohnungsbaus in allen Städten alltäglich und zur Standardantwort auf die Herausforderung gesundheitsgefährdender Wohnbedingungen der Stadt geworden ist, hat dazu geführt, dass die Verbindung zur ursprünglichen Bedeutung verloren ging und zum alltagsuntauglichen Formalismus degenerierte. Dazu kommt aber auch die in den 1970ern gemachte Erfahrung der Umweltzerstörung und der begrenzten Ressourcen, die den bislang gültigen Referenzrahmen »Natur« desavouierte: »Die einebnende menschliche Verwertung der Natur hat deren argumentative Kraft und selbständige Autorität vertilgt. Von Fremdsubstanzen durchsetzt, vom Untergang geprägt, kann sie wohl noch zu Mitleid, zu Hilfsaktionen anregen, nicht aber mehr zu einer argumentativen, Legitimation spendenden Hilfeleistung tauglich sein. Das reiche Reservoir an handlungsanleitenden Motiven und Erfahrungen, das wir hier noch zu archivieren suchten, hat sich erschöpft.«[39] Der Alltag ist inzwischen nicht mehr von der Referenz auf die im Schäferidyll repräsentierte Natur, sondern vom Leitbild der europäischen Stadt und den damit verbundenen diffusen Vorstellungen von Urbanität geprägt. Sie äußert sich im Aufgreifen von formalen Versatzstücken der Stadt des 19. Jahrhunderts als Rezeptwissen in der Planungs- und Baupraxis, indem die Fragen nach sozialer Integrationsleistung, funktionaler Mischung, Eigentumsstrukturen ebenso ins Hintertreffen geraten, wie außer Acht gelassen wird, dass sich das aktuelle Wirtschafts- und Gesellschaftssystem grundsätzlich von dem unterscheidet, in dem das entstand, was man sich heute zum Vorbild nimmt.[40]

ABLEHNUNG ALS LEGITIMATIONSSTRATEGIE

Die unkontrolliert gewachsenen »monofunktionalen Schlafstädte«, die »bestenfalls grünen Ghettos«, von denen Lampugnani schreibt[41], werden auch deswegen kritisiert, weil sie als Gegenmodell zur »europäischen Stadt« dienen und im Kontext ihres sozialpolitischen Programms kritisiert werden. So ist Dieter Hoffmann-Axthelm der Ansicht, dass man die Nachkriegsmoderne aus dieser sozialpolitischen Kritik heraus begreifen müsse: »Es hat damals in Deutschland ein neues Gesellschaftsbild geherrscht: das einer staatlich organisierten Massengesellschaft. Man glaubte, der Staat sei verpflichtet, die Vergesellschaftung aller Lebensbezüge vorzunehmen, die vorher in der Verantwortung der Individuen lag.«[42] Diese Vehemenz der Abneigung gegenüber dem politisch-gesellschaftlichen System der Nachkriegszeit ist überraschend und ungerecht angesichts der so nie zuvor in der Geschichte hervorgebrachten enormen Leistungen für breiten Wohlstand und gesicherte Lebensverhältnisse nahezu der gesamten Bevölkerung. Sie muss gedeutet werden als vehemente Abwehr gegen ein Stadtmodell, das auf Mobilität aufbaut. Die wichtigsten Instrumente für die Stadtentwicklung des »fordistisch-keynsianischen Akkumulationsregimes«, wie es Michael Müller genannt hat, seien der Wohnungsbau und der Verkehrswegebau.[43] Die räumlichen Folgen seien in der autogerechten Stadt, den Trabantenstädten und der Suburbanisierung zu sehen. Die Grenzen dieses Modells werden in nichts weniger formuliert als darin, in seiner Konsequenz die eigenen Naturgrundlagen zu zerstören. Aber nach Müller hat vor allem das Bewusstsein, dass Krisen möglich seien, »mehr zur Transformation des Raumbildes, vor allem aber zur Transformation der Massenkultur beigetragen, als die Krise des fordistischen Akkumulationsregimes in den 1970er Jahren selbst«[44]. Die Kritik an Architektur und Planung war eine an diesem Modell, an seinen zerstörerischen Wirkungen, und sie legitimierte damit, was an seine Stelle treten sollte. Doch es kann inzwischen nicht mehr zufriedenstellen, etwas gutzuheißen, nur weil es als Gegenbild dessen gilt, was kritisiert wird.

38. Ebenda, Seite 35.

39. Martin Warnke: Politische Landschaft. Zur Kunstgeschichte der Natur. München, 1992, Seite 273.

40. Christian Holl: Illusion der Reinheit. In: Wolkenkuckucksheim, internationale Zeitschrift zur Theorie der Architektur, 12. Jahrgang, Heft 1, 2007. Online unter: http://www.cloud-cuckoo.net/openarchive/wolke/deu/Themen/071/Holl/holl.htm, Stand: 28.03.2014

41. Lampugnani, a. a. O.

42. Christian Welzbacher: Im Gespräch mit Dieter Hoffmann-Axthelm. Die katastrophale Utopie – Planungswirtschaft und Sozialdogmatismus. In: Michael Braum und Christian Welzbacher (Hrsg.): Nachkriegsmoderne in Deutschland. Eine Epoche weiterdenken. Basel, 2009, Seite 42.

43. Michael Müller: Drei Stadtmodelle. In: derselbe: Kultur der Stadt. Essays für eine Politik der Architektur. Bielefeld, 2010, Seite 60.

44. Ebenda, Seite 65.

VERKANNTE LEISTUNGEN

Bis heute ist kein Umgang damit gefunden worden, was das baukünstlerisch als Ganzes sicher nicht hochklassische, aber eben auch nicht lediglich als reine Addition von Zweckarchitektur zu verstehende Areal des Bundesviertels auszeichnet. Das Bedürfnis nach Repräsentanz steht in Diskrepanz zum gebauten Understatement, zur gebauten Normalität und entzieht die Qualität des Areals der Wahrnehmung. Gerade wegen der unterschiedlichen architektonischen Qualitäten könnte hier anschaulich vermittelt werden, dass Alltagsarchitektur nicht mit den Maßstäben zu messen ist, mit denen man besondere Architektur von der des Alltags differenziert.

Noch immer werden im Bundesviertel einzelne Bauten politisch genutzt: als Bonner Sitz des Kanzleramts, des Auswärtigen Amts etwa. Dadurch sind sie, wenn sie nicht im Rahmen von Führungen oder aus besonderen Anlässen geöffnet werden, der Sichtbarkeit entzogen. Hinter Zäunen, mit Kameras und Wachdiensten, Stacheldraht und Schleusen versehen, kann man diese Gebäude in der Regel nur mit Abstand begutachten, vielleicht auch nur einen Blick auf sie erhaschen. Zeitweise werden Straßenabschnitte für den Durchgang gesperrt. Die Be- und Überwachung gibt so den Gebäuden nun eine enorme Bedeutung, unabhängig davon, ob ihr architektonischer Gestus diese Bedeutung sichtbar macht: Die Überwachung allein macht sie wichtig. Ihr Habitus des Pragmatischen wird von einer über den Umgang mit ihnen verliehenen Wichtigkeit überdeckt. Die Qualität des Understatements wird dadurch als Mangel stigmatisiert.

So können aber auch die Zeichen, die für Normalität stehen, nicht mehr gelesen werden. Vielleicht sollen sie ja nicht mehr gelesen werden, denn nun, da in Berlin ganz andere Bauten diesen Staat repräsentieren, kann nicht gleichzeitig Normalität diese Funktion erfüllen. Die Verbindung zu dem wird gekappt, worauf diese Architektur sich bezieht: auf die Alltagsarchitektur jenseits der Bauten im Bundesviertel. Damit wird verhindert, eine besondere Qualität in der Alltagsarchitektur der Zeit zu erkennen, zu erkennen, dass sie Ausdruck eines Konsenses der Nachkriegszeit war. Die Leistungen der Epoche werden eines materiellen Korrelats beraubt und unsichtbar gemacht.

Das ist nicht angemessen, denn »schließlich wurde in Bonn kein schlechter Weg in die Demokratie gefunden; schließlich ließ sich die Bonner Republik angst- und sorgenfrei wieder in eine nach Frieden dürstende Weltgemeinschaft integrieren; schließlich überstand sie einen deutschen Herbst mir blauen Flecken und üblen Schrammen – und machte mit dem Kanzlerwort ›mehr Demokratie wagen‹ dennoch politisch Furore«[45]. Mehr noch: Man setzt auch herab, was mit den Mitteln der Architektur und des Städtebaus erreicht wurde, nämlich ausreichend Wohnraum für Flüchtlinge, Vertriebene, Ausgebombte bereitgestellt zu haben. Das Versprechen der Modernität, der Einzug von Maschinen in den Haushalt, war eine der Voraussetzungen für die Emanzipation der Frau. Die Leistungen des Städtebaus der 1950er- und 1960er-Jahre haben es außerdem erst ermöglicht, dass erhalten blieb und sich restaurieren ließ, was wir heute als historische Innenstädte ansehen.[46]

BILDER SEHEN

Diese Epoche ist aber nun selbst Geschichte. Wird dem Regierungsviertel als Ganzem die Anerkennung seiner spezifischen Qualitäten weiterhin verweigert, wird ein Potenzial der Vermittlung, eine Chance zum Verständnis der Nachkriegszeit im Allgemeinen wie der Nachkriegsarchitektur im Besonderen vergeben, die auch darin liegt, einen Zugang zu Alltagsarchitektur außerhalb des Areals und zu deren Akzeptanz zu öffnen. Es wäre ein Beitrag zur Vergegenwärtigung im Sinne von Bahrdt: »Vergegenwärtigung heißt nicht, dass das Vergangene zu einem Gegenwärtigen gemacht wird oder dass das Subjekt in die Vergangenheit reist. Hingegen wird Vergangenes zum Objekt einer gegenwärtig stattfindenden Intention gemacht«[47] (siehe auch den Beitrag von Ursula Baus ab Seite 33).

Dabei gilt es, das, was im Regierungsviertel zu sehen ist, als Bild im Sinne Lambert Wiesings als artifizielle Präsenz, als Verweis auf eine Realität außerhalb des Bildes, als Bildobjekt zu verstehen: »Das Bildobjekt wird dann verwendet, um auf Eigenschaften Bezug zu nehmen, die es selbst besitzt.«[48] Die Moderne, insbesondere die Nachkriegsmoderne, wird in der Regel als bilderarm verstanden.[49]

45. Ursula Baus: Darum war es am Rhein so schön. Instandsetzung des Kanzlerbungalows, Bonn. In: Metamorphose, Bauen im Bestand, 2009, 3. Jahrgang, Heft 3, Seite 3.

46. Wie sehr die vermeintlich historischen Innenstädte eine Konstruktion sind, hat Vinken gezeigt. Gerhard Vinken: Zone Heimat. Altstadt im modernen Städtebau. Berlin und München, 2010.

47. Bahrdt und Herlyn, a. a. O., Seite 52.

48. Lambert Wiesing: Artifizielle Präsenz. Studien zur Philosophie des Bildes. Frankfurt am Main, 2005, Seite 74.

49. »Die Auswirkungen dieser Kampfansage machten sich erst nach dem Zweiten Weltkrieg bemerkbar, als wir mit der Systematik von Bilderstürmern darangingen, die Ornamentfassaden abzuschlagen, die ›Lügen‹ und die ›Täuschungen‹ des Architekturornats zugunsten der nackten, reinen, moralisch einwandfreien Wand zu beseitigen. Heute dehnt sich die Leere bis an den Horizont der Städte aus.« Heinrich Klotz: Die röhrenden Hirsche der

Dieses Verständnis erschwert den Umgang mit ihr, solange wir uns nicht darum bemühen, die spezifischen Bilder der Nachkriegszeit als solche zu erkennen, sie zu dechiffrieren. Denn auch die Architektur der Nachkriegszeit hat ihre Bilder, auch in jener Zeit war der Mensch ein *animal symbolicum*.[50] Die Qualität dieser Bilder besteht zum einen darin, einen Bezug zur Alltäglichkeit aufzubauen, in diesen alltäglichen Bildern aber die Distanz zum Alltag als Versprechen aufzunehmen: Dazu gehört wie gezeigt der erwähnte ubiquitäre Scherrasen und ein auf eine wie auch immer am Ende erhoffte, aber gewiss bessere Zukunft gerichtetes Versprechen. Diese Bilder hatten deswegen einen hohen Abstraktionsgrad, denn sie mussten sich der Routine, dem konkret Vertrauten entledigen, um dieses Fortschrittsversprechen glaubhaft machen zu können. Die Alltäglichkeit der Nachkriegszeit war eine, die sich vom Alltag distanzierte. *In der Zukunft leben* hieß entsprechend eine Ausstellung, die sich mit Architektur und Städtebau der Nachkriegszeit auseinandersetzte.[51]

VERMITTLUNGSCHANCEN

Diese Qualität der Epoche, die spezifischen Verknüpfungen mit dem Alltag im Areal des Bundesviertels zu erkennen und in einer zukünftigen Strategie der Vermittlung, des Umgangs mit ihm aufzugreifen, ist die Aufgabe, die sich stellt. Die Installation im deutschen Pavillon verweist exemplarisch auf das bildmächtige Potenzial, das allein im Kanzlerbungalow liegt. Das Bundesviertel in Bonn im Allgemeinen und der Kanzlerbungalow im Besonderen bieten eine Chance, einen Zugang zu einer Architektur des Alltags zu öffnen, was auch einschließt, die Frage des Erhalts von Architektur nicht mehr allein an das Kriterium der Seltenheit zu binden. Dies müsste einschließen, die Qualitäten des Areals nicht lediglich an der Qualität der Einzelbauten zu messen, Widersprüchlichkeit nicht negieren zu wollen. Selbst wenn ein solcher Umgang mit dem Areal mit der derzeitigen Nutzung nur eingeschränkt möglich ist, sollte dies dennoch perspektivisch angegangen werden, damit diese spezifische Qualität des Areals erhalten bleibt. Es wäre eine Form der Vergegenwärtigung, die davon absehen müsste, mit der Vorstellung eines auratischen

Objekts zu operieren, das im materiellen Gegenstand ein historisches Zeugnis musealisiert und als übrig gebliebener Rest auf bereits Vernichtetes verweist und in dieser Doppelgesichtigkeit von Präsenz und Verweis auf Verlorenes erst Geschichte veranschaulicht.[52] Eine aktive Würdigung der Alltagsarchitektur der Nachkriegszeit könnte stattdessen exemplarisch eine Brücke zu einem Verständnis von Architektur schlagen, das von ihr keine endgültigen Lösungen oder die Harmonisierung von Widersprüchlichkeiten erwartet und damit ihren Erhalt erleichtert, weil die Qualität nicht allein darin gesehen werden muss, sie so zu erhalten, wie sie auf uns gekommen ist, sie aber dennoch zu respektieren. Nicht nur im Hinblick auf die im Bestand gebundene »graue Energie« wäre das ein Fortschritt. Eine solche Würdigung eröffnete die Möglichkeit, Architektur intensiver als prägendes Element gesellschaftlicher Wirklichkeit hervortreten zu lassen.

Architektur. Kitsch in der modernen Baukunst. Luzern und Frankfurt am Main, 1977, Seite 37.

50. »Dass der Mensch in einer Symbolwelt lebt, gehört zu seinen eigenen Prämissen.« Gerhard Hard: Städtische Rasen, hermeneutisch betrachtet – Ein Kapitel aus der Geschichte der Verleugnung der Stadt durch die Städter. In: Backé und Seger, a. a. O., Seite 49.

51. In der Zukunft leben war eine Ausstellung des Bundes Deutscher Architekten (BDA) unter der Schirmherrschaft des Bundesministeriums für Verkehr, Bau und Stadtentwicklung, kuratiert von Kai Vöckler. Sie wurde 2009 zuerst im Deutschen Architekturzentrum in Berlin gezeigt.

52. Andreas Vass: Denkmalpflege und Moderne. Über die Schwächen eine scheinbar (unauflösbaren) Widerstands. In: Elise Feiersinger, Andreas Vass und Susanne Veit (Hrsg.): Bestand der Moderne. Von der Produktion eines architektonischen Werts. Zürich, 2012, Seite 16.

INSKRIPTION DER ZEICHEN IN DER ARCHITEKTUR

INSCRIPTION OF SIGNS IN ARCHITECTURE

Der folgende fotografische Essay versucht eine Betrachtung von Zeichen in der Architektur der Bonner Regierungsgebäude, die zu Zeiten entstanden waren, als die Stadt noch Regierungssitz der Bundesrepublik Deutschland war. Die Bilder hinterfragen die Raumchoreografie der Gebäude für die Zeremonien der Politik und wie diese nach der Wiedervereinigung von Bundesrepublik und Deutscher Demokratischer Republik mit anschließender Verlegung des Regierungssitzes nach Berlin neu interpretiert und mit neuen Deutungen geladen wurden.

Die Auswahl von Orten und Institutionen zeigt verschiedene Strategien der symbolischen Verwertung, die über die Abhängigkeit von den Interessen nationaler und internationaler Organisationen oder privater Dienstleister bis hin zu deren Musealisierung reichen.

Armin Linke

The following photographic essay is an attempt to analyze the signs in the architecture of the Bonn government buildings, which date from the days when the city was still the seat of government of the Federal Republic of Germany. The pictures bring into question the building's spatial choreography for political ceremonies, and how – after the reunification of East and West Germany and the subsequent transfer of the German seat of government to Berlin – these ceremonies were reinterpreted and charged with new meaning.

The choice of locations and institutions indicates various strategies for symbolic recycling, ranging from the dependence of the interests of national and international organizations or private service contractors all the way to their musealization.

Altes Wasserwerk
Von 1986 bis 1992 als Plenarsaal des Deutschen Bundestages genutzt, heute Teil des World Conference Center Bonn, zeitweise auch Ort internationaler Treffen der United Nations (UN).

Old Waterworks
Used from 1986 to 1992 as the plenary hall of the German Bundestag, it today forms part of the World Conference Center Bonn, and occasionally also serves as a venue for international meetings organized by the United Nations.

Altes Wasserwerk
Ehemaliger Eingang für Abgeordnete, die sich ihrer Stimme
bei Abstimmungen im Bundestag enthalten wollten.

Old Waterworks
The former entrance for those members of the German parliament
intending to withhold their votes during voting in the Bundestag.

Altes Wasserwerk
Saalvorbereitungen für die Working Group Conference im März 2014 der
UNFCCC (United Nations Framework Convention on Climate Change).

Old Waterworks
Preparing the hall for the Working Group Conference in March 2014 of the
UNFCCC (United Nations Framework Convention on Climate Change).

Ehemaliges Bundeshaus
Ehemaliger Plenarsaal des Deutschen Bundestages während
der Working Group Conference der UNFCCC im März 2014.

Former Federal Parliament Building
The former plenary hall of the German Bundestag during
the UNFCCC Working Group Conference in March 2014.

Ehemaliges Bundeshaus
Ehemaliger Plenarsaal des Deutschen Bundestages während
der Working Group Conference der UNFCCC im März 2014.

Former Federal Parliament Building
The former plenary hall of the German Bundestag during
the UNFCCC Working Group Conference in March 2014.

Ehemaliges Bundeshaus
Ehemaliger Plenarsaal des Deutschen Bundestages während
der Working Group Conference der UNFCCC im März 2014.

Former Federal Parliament Building
The former plenary hall of the German Bundestag during
the UNFCCC Working Group Conference in March 2014.

»Langer Eugen«
Hochhaus, nach Entwürfen von Egon Eiermann von 1966
bis 1969 erbaut, Mensa im obersten Stockwerk.

"Langer Eugen"
Nicknamed "Tall Eugen", this high-rise building was designed by Egon Eiermann
and built between 1966 and 1969, with a restaurant on the top floor.

»Langer Eugen«
Ehemaliges neues Abgeordnetenhochhaus und früherer Hauptstandort für die Büros der Mitglieder des Deutschen Bundestages. Mit der Eingliederung in den UN-Campus im Jahr 2006 wurde es zu exterritorialem Gebiet. Im Vordergrund die Satellitenantennen des staatlichen Auslandsrundfunks Deutsche Welle.

"Langer Eugen"
This high-rise building was once used by Germany's parliamentary deputies and accommodated the offices of the members of the German Bundestag. It became an extraterritorial area in 2006 after it was incorporated into the UN Campus. In the foreground: the satellite dishes of Deutsche Welle, Germany's international broadcasting service .

»Langer Eugen«
Aufzug

"Langer Eugen"
Lift

»Langer Eugen«
Eingangshalle

"Langer Eugen"
Entrance hall

Kreuzbauten
Architekturensemble der Planungsgruppe Stieldorf, erbaut von 1969 bis
1975 als Sitz des Bundesministeriums für Bildung und Forschung und des
Bundesministeriums für Justiz. Heute weiterhin Standort des Ministeriums für
Bildung und Forschung sowie der Zentrale des Eisenbahn-Bundesamts, des
Deutschen Instituts für Erwachsenenbildung und des Streitkräfteamts.

Kreuzbauten
This cross-shaped architectural ensemble by the Planungsgruppe Stieldorf
was built from 1969 to 1975 to house the Federal Ministry of Education and
Research and the Federal Ministry of Justice. Today, it still accommodates the
Ministry of Education and Research, and also serves as the headquarters of
the Federal Railway Authority, the German Institute for Adult Education, and
the Armed Forces Office.

Kreuzbauten
Blick auf die Außenskulptur von Jürgen Hans Grümmer

Kreuzbauten
View of the outdoor sculpture by Jürgen Hans Grümmer

Kreuzbauten
Büro im Bundesministerium für Bildung und Forschung

Kreuzbauten
Office in the Federal Ministry of Education and Research

Kreuzbauten
Bundesministerium für Bildung und Forschung

Kreuzbauten
The Federal Ministry of Education and Research

Kreuzbauten
Bundesministerium für Bildung und Forschung

Kreuzbauten
The Federal Ministry of Education and Research

Kreuzbauten
Bundesministerium für Bildung und Forschung

Kreuzbauten
The Federal Ministry of Education and Research

Kreuzbauten
Bundesministerium für Bildung und Forschung

Kreuzbauten
The Federal Ministry of Education and Research

Kreuzbauten
Bundesministerium für Bildung und Forschung

Kreuzbauten
The Federal Ministry of Education and Research

Ehemalige Königlich-Niederländische Botschaft
Sitz der Königlich-Niederländischen Botschaft von 1964
bis 2000. Heute Business Park der Deutschen Post.

Former Royal Netherlands Embassy
Location of the Royal Netherlands Embassy from 1964 to 2000.
Today, it is the Business Park of the German Federal Post Office.

Ehemalige Königlich-Niederländische Botschaft
Büroraum im heutigen Business Park der Deutschen Post

Former Royal Netherlands Embassy
Office space at the Business Park of the German Federal Post Office

Ehemaliges Bundesministerium der Verteidigung
Spiraleingang zum Kasino

Former Ministry of Defence
Spiral entrance to the canteen

Ehemaliges Bundesratsgebäude
Heute genutzt als Bonner Außenstelle des Bundesrats sowie Sitz verschiedener Organisationen wie des Verbandes Deutscher Naturparke e. V.

Former Federal Council (Bundesrat) Building
Today, the building is used as the Bonn branch of the Bundesrat and it also houses several organizations, including the Association of German Nature Reserves.

Ehemaliges Bundesratsgebäude
Eingang zum ehemaligen Sitzungssaal des Bundesrats

Former Federal Council (Bundesrat) building
Entrance to the former Bundesrat conference hall

Ehemaliges Bundesratsgebäude
Ehemaliger Sitzungssaal des Bundesrats

Former Federal Council (Bundesrat) building
The former Bundesrat conference hall

Ehemaliges Bundesministerium für Fernmeldewesen
Bibliothek im heute als Bundesrechnungshof genutzten Gebäude

Former Federal Ministry for Telecommunications
The library in the building that now serves as the Federal Audit Office

Bonner Sicht auf den Rhein

View from Bonn onto the Rhine

Ehemaliges Bundeskanzleramt
Nelson-Mandela-Saal im ehemaligen Bundeskanzleramt, heute Hauptsitz des
Bundesministeriums für wirtschaftliche Zusammenarbeit und Entwicklung.

Former German Chancellery
The Nelson Mandela Hall in the former German Chancellery is today
the central office of the Federal Ministry for Economic Cooperation
and Development.

Ehemaliges Bundeskanzleramt
Nelson-Mandela-Saal im ehemaligen Bundeskanzleramt, heute Hauptsitz des
Bundesministeriums für wirtschaftliche Zusammenarbeit und Entwicklung.

Former German Chancellery
The Nelson Mandela Hall in the former German Chancellery is today the
central office of the Federal Ministry for Economic Cooperation and
Development.

Ehemaliges Bundeskanzleramt
Ehemaliges Kanzlerbüro im Bundesministerium für wirtschaftliche
Zusammenarbeit und Entwicklung, in musealem Zustand konserviert.

Former German Chancellery
The former chancellor's office – preserved like a museum exhibit –
at the Federal Ministry for Economic Cooperation and Development.

Ehemaliges Bundeskanzleramt
Ehemaliges Kanzlerbüro im Bundesministerium für
wirtschaftliche Zusammenarbeit und Entwicklung.

Former German Chancellery
The former chancellor's office at the Federal Ministry
for Economic Cooperation and Development.

Ehemaliges Bundeskanzleramt
Ehemaliges Kanzlerbüro im Bundesministerium für
wirtschaftliche Zusammenarbeit und Entwicklung,
hier ausgestellte Geschenke und Objekte der Kanzler.

Former German Chancellery
Gifts and other objects belonging to previous chancellors
on display in the former chancellor's office at the Federal
Ministry for Economic Cooperation and Development.

Ehemaliges Bundeskanzleramt
Ehemaliges Kanzlerbüro im Bundesministerium für
wirtschaftliche Zusammenarbeit und Entwicklung,
hier ausgestellte Geschenke und Objekte der Kanzler.

Former German Chancellery
Gifts and other objects belonging to previous chancellors
on display in the former chancellor's office at the Federal
Ministry for Economic Cooperation and Development.

Ehemaliges Bundeskanzleramt
Objekterklärungen im ehemaligen Kanzlerbüro

Former German Chancellery
Explanatory texts panels in the former chancellor's office

Ehemaliges Bundeskanzleramt
Sicht aus dem ehemaligen Kanzlerbüro auf
den Park des Palais Schaumburg.

Former German Chancellery
View from the former chancellor's office onto
the park of Palais Schaumburg.

Park des ehemaligen Kanzlerbungalows   Park belonging to the Former Chancellor's bungalow

Park des ehemaligen Kanzlerbungalows

Park belonging to the Former Chancellor's bungalow

Park des ehemaligen Kanzlerbungalows

Park belonging to the Former Chancellor's bungalow

Park des ehemaligen Kanzlerbungalows

Park belonging to the Former Chancellor's bungalow

Ehemaliger Kanzlerbungalow
Park und Rhein durch die Sicherheitswand gesehen

Former Chancellor's Bungalow
The park and the Rhine seen through the security wall

Ehemaliger Kanzlerbungalow
Sicherheitswand im Park mit Blick auf den Rhein

Former Chancellor's Bungalow
Security wall in the park with view onto the Rhine

Ehemaliger Kanzlerbungalow
Eingangsbereich

Former Chancellor's Bungalow
Entrance area

Ehemaliger Kanzlerbungalow
Sicht vom Wohnzimmer aus in den Park

Former Chancellor's Bungalow
View from the living room into the park

Ehemaliger Kanzlerbungalow
Privater Bereich

Former Chancellor's Bungalow
Private area

Ehemaliger Kanzlerbungalow
Privater Bereich

Former Chancellor's Bungalow
Private area

Ehemaliger Kanzlerbungalow
Privater Bereich

Former Chancellor's Bungalow
Private area

Ehemaliger Kanzlerbungalow
Privater Bereich

Former Chancellor's Bungalow
Private area

Ehemaliger Kanzlerbungalow
Privates Wohnzimmer

Former Chancellor's Bungalow
Private sitting room

Erich-Ollenhauer-Haus
Konferenzraum in der ehemaligen Bundesparteizentrale der SPD

Erich Ollenhauer-Haus
Conference room at the former headquarters of Germany's
Social Democratic Party (SPD)

Erich-Ollenhauer-Haus

Erich-Ollenhauer-Haus

Erich-Ollenhauer-Haus
Wanddekoration mit einer grafischen Darstellung
der Genealogie des modernen Sozialismus.

Erich-Ollenhauer-Haus
Wall decoration with a graphical depiction
of the genealogy of modern socialism.

Erich-Ollenhauer-Haus
Eingang des Callcenters des Markt- und Sozialforschungsinstitut infas,
seit 2007 eingemietet in der ehemaligen Bundesparteizentrale der SPD.

Erich-Ollenhauer-Haus
Entrance to the call centre of the Infas market and social research institute,
which has been housed in the former headquarters of Germany's Social
Democratic Party since 2007.

Erich-Ollenhauer-Haus
Callcenter des Markt- und Sozialfoschungsinstituts infas

Erich-Ollenhauer-Haus
The call centre of the Infas market and social research institute

Erich-Ollenhauer-Haus
Ehemalige Bundesparteizentrale der SPD, heute Sitz von Mikro,
einem eingemieteten Unternehmen zur Langzeitarchivierung von
Tageszeitungen mit Mikrofilmverfahren.

Erich-Ollenhauer-Haus
The former headquarters of Germany's Social Democratic Party,
which today houses Mikro, a company that specializes in the
long-term archiving of daily newspapers by microfilming.

Am Ufer des Rheins

On the banks of the Rhine

ANHANG

**Teilnehmer/innen Symposium 10.03.14
im Bonner Kanzlerbungalow**

Dr. Olaf Asendorf
Dr. Wolfgang Bachmann
Dr. Ursula Baus
Sally Below
Prof. Dr. Elisabeth Bronfen
Prof. Dr. Berthold Burkhardt
Savvas Ciriacidis
Dr. Marta Doehler-Behzadi
Prof. Dr. Dr. h. c. Werner Durth
Benedikt Heesen
Uwe-Karsten Heye
Prof. Dr. Hans Walter Hütter
Dr. Judith Koppetsch
Dr. Stefan Krämer
Nikolaus Kuhnert
Philip Kurz
Julia Lamarina
Prof. Dr. Alex Lehnerer
Michael Marten
Dr. Irene Meissner
Anh-Linh Ngo
Sandra Oehy
Nicol Opel
Prof. Dr. Juliane Rebentisch
Dr. Stephan Trüby
Lars Christian Uhlig
Prof. Dr. Philip Ursprung
Prof. Dr. Silke Wenk
Prof. em. Dr. Karin Wilhelm

DIE AUTOREN

Dr. Wolfgang Bachmann
Studium der Agrarwissenschaften und der Architektur. Diplom 1976 an der
RWTH Aachen. Dissertation über die Architektur der Anthroposophen.
Drei Jahre Berufspraxis in verschiedenen Architektur- und Ingenieurbüros,
begleitend journalistische Tätigkeiten. 1982 Redakteur der *Bauwelt* in Berlin,
ab 1991 Chefredakteur des *Baumeister* in München, von 2011 bis 2013 dessen
Herausgeber. 2008 Auszeichnung als »Fachjournalist des Jahres« (2. Preis),
2010 ist *Baumeister* »Fachmedium des Jahres«. Er hält ferner Vorträge,
Moderationen, Architekturführungen, ist Mitglied von Jurys und schreibt
Kritiken, Glossen, Kurzgeschichten über Architektur und darüber hinaus.

Dr. Ursula Baus
Studium der Kunstgeschichte, Philosophie und Klassischen Archäologie in
Saarbrücken. Architekturstudium in Stuttgart und Paris. Promotion. Von
1987 bis 2004 Redakteurin. 2004 Mitbegründerin von frei04 publizistik,
freie Architekturpublizistin und -wissenschaftlerin. Von 2004 bis 2010
Lehraufträge für Architekturkritik und -theorie in Stuttgart. Im Stiftungsrat
der Schelling Architekturstiftung, bis 2012 stellvertretende Vorsitzende des
Beirats der Bundesstiftung Baukultur. Seit 2010 im wissenschaftlichen
Kuratorium der IBA Basel 2020. Ist Prize Expert des Mies van der Rohe
Award. Hält Vorträge und Diskussionen, Mitglied von Jurys. Schreibt Buch-,
Zeitschriften- und Onlinebeiträge.

Savvas Ciriacidis
Studium der Architektur an der ETH Zürich, anschließend Tätigkeit als
praktischer Architekt in Zürich. Von 2006 bis 2013 forschte und unterrichtete
er an der Professur für Architektur und Entwurf Prof. Christian Kerez an der
ETH Zürich. Seit 2012 führt er zusammen mit Alex Lehnerer in Zürich das
Architekturbüro CIRIACIDISLEHNERER und unterrichtet am Departement
Architektur der ETH Zürich. Beide versuchen, in ihrer praktischen und
akademischen Arbeit Architektur als kulturelle Praxis zu begreifen. Ihre
theoretische und praktische Arbeit ist international publiziert und mit
Preisen ausgezeichnet.

Christian Holl
Nach zwei Jahren Kunst- und Germanistikstudium folgte ein Architektur-
studium in Aachen, Florenz und Stuttgart mit Diplom. Von 1997 bis 2004
Redakteur der *deutschen bauzeitung*. 2004 Gründung von frei04 publizistik
zusammen mit Dr. Ursula Baus und Klaus Siegele. Seit Oktober 2004 freier
Autor und Partner von frei04 publizistik in Stuttgart. Lehraufträge in
Darmstadt, Stuttgart, Wuppertal und Kaiserslautern. Von 2005 bis 2010
Wissenschaftlicher Mitarbeiter am Städtebau-Institut der Universität
Stuttgart, Fachgebiet Grundlagen der Orts- und Regionalplanung,

Prof. Dr. Johann Jessen. Lehr- und Forschungstätigkeit. Seit 2007 Kurator und Mitglied des Ausstellungsausschusses der architekturgalerie am weißenhof. Von 2007 bis 2013 Redakteur des Internetmagazins von www.german-architects.com. Seit 2010 Geschäftsführer des BDA Hessen.

Dr. Stefan Krämer

Studium der Soziologie an der Universität Mannheim. Mitglied im Berufsverband Deutscher Soziologinnen und Soziologen (BDS), in der Deutschen Akademie für Städtebau und Landesplanung (DASL) und im Deutschen Werkbund Baden-Württemberg (DWB BW). Ressortleiter für Wissenschaft und Forschung der Wüstenrot Stiftung mit Arbeitsschwerpunkten unter anderem zu den Themen Demografischer Wandel, Wohnen im Alter, Wohnen in der Stadt, Gemeinschaftliche Wohnformen, Jugend und gebaute Umwelt, Zukunftsperspektiven kleiner Gemeinden, Wohnungsmarktentwicklungen.

Philip Kurz

Studium der Architektur an den Universitäten Braunschweig und Stuttgart sowie an der European Business School. Von 1997 bis 2010 Tätigkeiten für verschiedene internationale Beratungsgesellschaften. Seit 2010 Geschäftsführer und Leiter des Denkmalprogramms der Wüstenrot Stiftung. Dozent im Masterstudiengang Altbauinstandsetzung des Karlsruher Instituts für Technologie (KIT). Mitglied des Beirats der Bundesstiftung Baukultur. Juror des deutschen Städtebaupreises.

Prof. Dr. Alex Lehnerer

Seit 2012 Assistenzprofessor für Architektur und Städtebau an der ETH Zürich. Von 2012 bis 2014 Mitglied des Teams der ETH-Zürich-Forschungen in Singapur und Südostasien. Von 2008 bis 2012 Professor an der University of Illinois in Chicago. Zuvor promovierte er an der ETH Zürich und graduierte an der University of California in Los Angeles (UCLA). Lehnerer führt zusammen mit Savvas Ciriacidis seit 2012 das Architekturbüro CIRIACIDISLEHNERER in Zürich und unterrichtet am Departement Architektur der ETH Zürich. Beide versuchen, in ihrer praktischen und akademischen Arbeit Architektur als kulturelle Praxis zu begreifen. Ihre theoretische wie praktische Arbeit ist international publiziert und mit Preisen ausgezeichnet.

Prof. Armin Linke

Professor an der Hochschule für Gestaltung Karlsruhe (HfG). Als Fotograf und Filmemacher kombiniert er eine Reihe von zeitgenössischen Bildverarbeitungs-technologien, wobei die Grenze zwischen Fiktion und Wahrheit verschwimmt oder unsichtbar wird. Einzelausstellungen (Auswahl): im MAXXI, Rom (2010); im Museum für Gegenwartskunst Siegen (2009). Gruppenausstellungen (Auswahl): im Haus der Kulturen der Welt, Berlin (2013); auf der Moscow Biennale of Contemporary Art, Moskau, und im Haus der Kunst, München (2011); in der Tate Modern, London; auf der International Architecture Biennale Rotterdam (2010); auf der Bienal de São Paulo (2008). Preise: 9. La Biennale di Venezia – Architettura; Graz Architecture Film Festival.

IMPRESSUM

Herausgeber:
Wüstenrot Stiftung

Gestaltung:
Thomas Dahm, Graphic Design & Visual Research,
Delft, Niederlande

Fotos:
David von Becker (Seite 4 – 57) mit Ausnahme
von Alex Lehnerer (Seite 10 – 15) und Barbara Klemm
(Seite 32 und Seite 39).
Armin Linke, in Zusammenarbeit mit Giulia Bruno,
Saverio Cantoni, Sarah Poppel (Seite 59-115)

Lektorat:
Kirsten Rachowiak, München

Übersetzung:
Danko Szabó, Gräfelfing

Druck:
Offizin Scheufele, Stuttgart

Wüstenrot Stiftung
Hohenzollernstraße 45
71630 Ludwigsburg
Tel. +49 71 41 16 75 65 00
Fax +49 71 41 16 75 65 15
info@wuestenrot-stiftung.de
www.wuestenrot-stiftung.de